D1998468

FABIAN BURSTEIN

TRÄUM WEITER

ROMAN | LABOR

Fabian Burstein: Träum weiter
Alle Rechte vorbehalten
© 2012 LABOR (www.labor-verlag.at)
in der edition a GesmbH, Wien (www.edition-a.at)

Lektorat und Gestaltung: Raphaela Brandner
Cover: Emilia Hager und Raphaela Brandner
Umschlagfoto: Michael Jang
Schriften: Broken Ghost, Premiera
Druck: Theiss (www.theiss.at)

1 2 3 4 5 — 15 14 13 12

ISBN 978-3-902800-08-4

DAS CASTING

Ich sah die Spiegelung meiner Nase in der Fassade des futuristischen Glaskobels. Sie wirkte wie ein bizarrer Fleischklumpen. Das abstoßende Bild war Resultat einer fiesen Lichtbrechung, die ich, wie alles Naturwissenschaftliche, nicht verstand. Gerade deshalb kam mir meine unförmige Nase real vor. Ganz so, als hätte die geschmacklose Gebäudeästhetik eines mittelmäßig begabten Vorstadtarchitekten entlarvende Wirkung.

Um mich zu beruhigen, betrachtete ich mein Gesicht auf dem Display meines Handys. Eine eingebaute Kamera auf der Vorderseite machte das möglich. Ich fuhr mir mit dem angeleckten Zeigefinger über die Augenbrauen und strich mir durch meine frisch geschnittenen Haare. Coole Gleichgültigkeit, darum ging es hier wohl.

Noch ein letzter Kontrollblick auf das Handydisplay, dann trat ich durch die vollautomatische Glasschiebetür des im Grunde langweiligen Foyers. Die Veranstalter hatten es geschafft, den biederen Eingangsbereich mit ein paar Kniffen in eine pinkfarbene Castinghöhle namens »Hall of Fame« zu verwandeln.

»YOU ARE A STAR.« Die Buchstaben blinkten von einer mobilen LED-Leinwand. Das Hightechteil war links und rechts von zwei aufblasbaren Säulen flankiert, die dem ganzen Ambiente Volksfeststimmung gaben.

»Mensch, Alter, kennst du dich hier aus?«, quatschte mich ein Typ an. Seine Hände steckten in den Hosentaschen einer überdimensionalen Baggy Pant.

Ich musterte ihn von der Baseballkappe bis zu den weißen Sportsneakers. Ein Hip-Hopper, daran bestand kein Zweifel. Ob er authentischer Gangster oder bloß eine Witzfigur war, konnte ich noch nicht sagen.

»Bin selbst gerade erst gekommen«, antwortete ich.

»Mike«, sagte er. »Ich bin Rapper.« Er streckte mir die Hand entgegen.

»Angenehm, Noel.«

Mike sah über meinen überheblichen Unterton hinweg und lachte mir freundlich ins Gesicht.

»Warum bist du beim Casting?«, wollte ich wissen.

Eigentlich eine dumme Frage. Der Name der Show ließ keinen Interpretationsspielraum zu. Wer hierher kam, wollte ein Star sein. Doch Mike überraschte mich.

»Um meinen Homies eins auszuwischen«, sagte er. »Die Jungs in meiner Crew denken, sie wären die krassesten Gettokids außerhalb der Bronx. Ständig ziehen sie um die Häuser, um irgendeine andere Gang zu dissen oder aufzumischen.«

»Klingt doch spannend.«

»In Wahrheit ist das Bullshit-Bingo. Wo ich herkomme, gibt es weder Gangs noch Gettos. Nur ganz viele Reihenhäuser, eine evangelische Kirche und einen Jugendtreff.« Mike hielt kurz inne. Offenbar überlegte er, ob er mit seiner Erzählung fortfahren sollte. Mein süffisantes Grinsen schien sein Vertrauen zu wecken. »Kürzlich ist einer meiner Bros mit zwei Gramm Haschisch erwischt worden«, sagte er. »Weil er keinen Ausweis dabei hatte, musste er die Nacht in einer Zelle verbringen. Das nennt er jetzt U-Haft und gibt ständig damit an.« Mike lachte höhnisch.

»Ich weiß, was du meinst«, sagte ich. »Ich kenne solche Typen aus meiner Jugend. Das sind lächerliche Abziehbilder der vorherrschenden Jugendkultur.«

»Deshalb bin ich hier«, sagte Mike. »Wenn mich die Jungs bei einer Castingshow sehen, trifft sie der Schlag.«

Dieser Kerl in Baggy Pants wurde mir langsam sympathisch.

»Warum hängst du mit solchen Leuten ab, wenn sie dir so zuwider sind?«, fragte ich.

»Alter, ich liebe einfach Hip-Hop. Da gibt es nicht so viele Verbündete, da muss man sich nach der Decke strecken.«

»Tut mir leid, dass ich da nicht mithalten kann. Ich hab's nicht so mit Hip-Hop«, sagte ich.

»Du bist ein guter Kompromiss.« Mike beugte sich vor und senkte seine Stimme zu einem Flüstern. »Hier wimmelt es nur so von peinlichen Spackos. Die würde ich nicht einmal anquatschen, wenn ich mit ihnen auf einer einsamen Insel wäre. Bei dir habe ich mir gleich gedacht, dass du ganz vernünftig aussiehst.«

Mikes überstürzte Vertraulichkeit nervte mich.

»Es hat mich gefreut, dich kennenzulernen«, sagte ich. »Ich checke jetzt mal die Lage.«

»Kein Problem, Bruder. Wir laufen uns sicher noch über den Weg.«

Er zog seine rechte Hand aus der Hosentasche, ballte sie zur Faust und streckte sie mir entgegen. Ich stieg darauf ein und holte etwas zu schwungvoll aus. Als unsere Knöchel aneinander schlugen, sagte ich leise »Aua«. Dann ging jeder seiner Wege.

Ich sah mich um. Hinter einer tragbaren Theke, über der ein Schild mit der Aufschrift »Hit-Entry« hing, saßen ein paar gelangweilte Studenten in YOU-ARE-A-STAR-Merchandisingklamotten. Vor ihnen sammelte sich bereits eine Traube blasser, halb kollabierender Teenies. Einige Väter und Mütter hyperventilierten mit ihren Kindern.

Es ragten auch ein paar schräge Vögel empor. Denen schenkten die kleinen Kamerateams besonders viel Aufmerksamkeit, denn vorab gab es für sie nur zwei interessante Kategorien, Megatalent und Megapfeife. Die viel zu alten Versager jenseits der Dreißig waren auch wichtig. Ich hatte oft genug Castingshows gesehen, um zu wissen, dass die Sender sie schon im Vorfeld ordentlich durchfrühstückten. Die über Dreißigjährigen würden es ohnedies nie in die Show schaffen, das hatten die Macher mit ihrer rigorosen Jugendpolitik bestimmt. Als Futter für Hohnbeiträge gaben sie aber nützliche Kollateralprodukte ab. Fünfzehn Minuten Blamage statt fünfzehn Minuten Ruhm. Liefert genauso viel Quote, ist aber leichter herzustellen.

Die jungen Bewerber waren sich selbst überlassen. Sie schnatterten, übten Tonleitern und hinterließen mit ihren Turnschuhen schwarze Streifen auf dem Marmorboden. Es roch nach Schweiß, wie in einem Turnsaal nach einer Doppelstunde Zirkeltraining. Rund um junge Typen mit schlecht gestimmten Akustikgitarren versammelten sich kleine Grüppchen, die lossangen, sobald einer der Nachwuchsmusiker den Startakkord eines Charthits anschlug. Jeweils vier bis fünf Stimmen trällerten dann durcheinander und der ganze Kanon vermischte sich mit den akustischen Auswürfen der anderen Gruppen.

Ich hätte mich unter die Kids mischen können, um einer von ihnen zu sein, doch das war mir zu riskant. Ein direkter Vergleich mit den frühreifen, milchigen Blutjungmusikern hätte den Altersunterschied gnadenlos offenbart. Ich verhielt mich lieber unauffällig, blieb abseits und konzentrierte mich darauf, noch nicht als »Alter« eingestuft zu werden. Deshalb waren meine Haare so gestylt, dass ich in Sachen Frisur mit jedem Boybandmitglied der Welt mithalten konnte. Meine Jeans stammten artgerecht von H&M und vor dem Casting war ich einige Male ins Solarium gegangen. Der Zeitgeist bevorzugte nun einmal braune Haut, die mithilfe hoch dosierter Karotingaben leicht orange glänzen musste.

Wie beruhigend, dass genug Leute herumstanden, denen die Rolle des Leider-Nein-Kandidaten viel besser stand als mir. Mein Lieblingsexemplar lehnte lethargisch in einer Ecke, die eigentlich ganz von einem angestaubten Gummibaum okkupiert war. Irgendwie hatte es der Typ geschafft, sich zwischen Topf, Riesenblätter und Glasfassade zu zwängen. Seine schmächtige Statur hatte ihm dabei sicherlich geholfen. Einiges wies auf mangelhafte Ernährung hin. Die unreine Haut, das dünne Haar, die knochige Statur, das weitgehend zahnlose Gebiss. Wie so jemand auf die Idee kam, sich von dem Ausruf »YOU ARE A STAR« angesprochen zu fühlen, war mir ein Rätsel.

Lass es sein, geh nach Hause, dachte ich. Du bist etwas wert, auch ohne Starruhm. Lass dir die Zähne richten und die Haare machen, geh mal zu einer Stylingberatung, gibts schon für zwanzig Euro im Internet. Arbeite an deinem Selbstbewusstsein, dann klappt es auch mal wieder mit den Frauen. Hier hast du keine Chance, und denke jetzt ja nicht, dass du sie gerade deshalb nutzen musst. Verschwinde, bevor es zu spät ist. Schäle dich aus deinem Gummibaum-Gefängnis und verpiss dich. Ich meine es gut mit dir, ehrlich. Oh du scheiße, sie kommen. Schnell weg. Verdammt, warum willst du nicht auf mich hören ...

In Wirklichkeit hätte ich diesen Loser niemals angesprochen. Bloß keine Verbindung zu ihm herstellen, sonst glaubte noch jemand, ich würde zu ihm gehören. Ich hätte vielleicht ein Statement zu ihm abgeben müssen und wäre zum Requisit eines Verarschungsbeitrags geworden. Irgendetwas würde hängen bleiben. Zu schnell fängst du dir die Witzfigurenkrankheit ein, die dich wie ein nässender Hautausschlag stigmatisiert und ausgrenzt. Ein kalter Schauer lief mir über den Rücken. Nein, danke. Jeder musste sehen, wo er blieb, auch ich. YOU ARE A STAR war Teil meines Masterplans, in dem ich wie alle anderen den Traum vom schnellen Ruhm als Popstar wahr machen wollte.

Ich musste lernen, meine Menschlichkeit effizient zu unterdrücken. Der Freak in der Ecke war dabei so etwas wie meine Gesellenprüfung. Statt ihm zu helfen, sah ich lieber zu, was passierte, um daraus zu lernen. Ein paar Redakteure hatten den Typ bereits entdeckt. Sie fixierten das neurotische Prachtstück in der Ecke, wie Löwen, die ihre Beute auswählen. Wahrscheinlich hätten sie nur ein paar Sekunden gebraucht, um die Sensationsgier des Publikums zu stillen. Ein als freundliches Gespräch getarnter Abschuss und schon wäre die Schmach perfekt gewesen. Doch die Redakteure hatten Zeit. Sie spulten ohne Eile ihr restliches Programm ab. Ein junger Sänger mit Trompete hier, ein Möchtegern-Starlet mit süßem Sprachfehler da, ein paar C-Schicht-Cliquen, die einen der Ihren bei seinem Akt der totalen Selbstüberschätzung begleiteten, und natürlich auch einige »Riesentalente«, die schon im Vorhof des Pop-Olymps so makellose Songs vorbrachten, dass es den Umliegenden die Tränen in die Augen trieb. Die Redakteure klatschten bei diesen hoffnungsfrohen Könnern in die Hände, teilten überschwängliche Komplimente aus und »flüsterten« den Noch-Nicht-Kandidaten für alle hörbar ins Ohr, dass sie »zwar nichts zu sagen hätten, aber ... ganz ehrlich, wenn du da nicht weiterkommst, dann weiß ich auch nicht.« Der Freak würde nicht abhauen, das wussten sie. Sein Verweilen war Teil dessen, was ihn zum Freak machte.

Ich beobachtete eine Redakteurin, die offenbar kurz davor war, zuzuschnappen. Aus sicherer Distanz sah ich ihr und ihrem kleinen Team bei der Arbeit zu.

Die Beute hinter dem Gummibaum fixieren, langsam anschleichen, die letzten Meter leicht ducken und schon pflanzte sich das Team vor dem Freak auf. Die Redakteurin stellte sich weder vor noch fragte sie um Erlaubnis. Dafür gab es den Vertrag, den jeder hier unterzeichnen musste. Der junge Tontechniker klemmte dem Freak ein Mikro an den Kragen, die Redakteurin lächelte und der Kameramann schaltete einen Scheinwerfer ein.

Auf diese Weise inszeniert und ausgeleuchtet offenbarte sich das ganze Ausmaß des Desasters. Dem Mann, der sich da mit einem gigantischen Schaumstoff-Mikrofon vor der Fresse wiederfand, fehlten wirklich alle Schneidezähne. Dafür verfügte er über ein leichtes Schielen auf nur einer Seite, dicke Brillen und dünnes blondes Haar. Bei seinen Ohren musste ich an eine TV-Moderatorin denken, die ihr Segelohrdilemma mit einem Taxi verglichen hatte, dessen Türen auf beiden Seiten offenstanden. Demnach wäre der Typ in der Ecke wohl ein alter Mercedes mit hochgeklappten Flügeltüren gewesen. Meine etwas große Nase war dagegen wirklich ein verschmerzbarer Makel, selbst in der verzerrten Wirklichkeit einer Glasfassade.

Der Freak hatte seinen schmächtigen Körper in ausgewaschene Karottenjeans gepackt, das unsägliche Modell bis zum Bauchnabel hinaufgezogen und sein Ruderleibchen pedantisch genau hineingesteckt. Das ärmellose Albtraum-Shirt spannte sich mit aller

Kraft über die schmale Hühnerbrust und gab den Blick auf die behaarten Achseln frei. Auf einen seiner milchig weißen Oberarme hatte er sich ein Herz mit einer Rosenranke tätowieren lassen.

Welche unfassbare Verkettung misslicher Umstände hat diese erbärmliche Gestalt in ihr todtrauriges Leben geschissen, fragte ich mich.

Eines hatten der Freak und die Reporterin bei ihrem Zusammentreffen gemeinsam. Beide konnten ihr Glück nicht fassen. Der Freak plusterte seinen flachen Brustkorb auf, ganz so, als wolle er schon mal Luft für all die Megahits holen, die er in den nächsten zehn Jahren von den großen Bühnen dieser Welt schmettern würde.

Mit diesem Typ schaffe ich es in den Sendungstrailer, dachte wahrscheinlich die junge Reporterin.

»Wie heißt du?«, fragte sie.

Die Stimme des Freaks war dünn.

»Marcel«, antwortete er.

»Woher kommst du?«

»Aus Golzow. Das liegt an der Havel.«

»Wie lange singst du schon?«

»Eigentlich, seit ich denken kann. In der Dusche, auf dem Klo, für meine Freunde ...«

»Welche Nummer wirst du performen?«

»›Underneath your Clothes‹ von Shakira.«

Ich merkte, wie ein heftiges Zucken die Mundwinkel der Interviewerin erfasste. Nur nicht aus der Rolle fallen, dachte sie wohl. Sie machte Marcel sogar Mut.

»Du kannst ganz locker bleiben, alles halb so schlimm. Sei einfach du selbst.«

So etwas einem Typ wie Marcel zu sagen, war die gemeinste Falle überhaupt. Ein anständiger Mensch hätte versucht, ihn vor sich selbst zu beschützen. Doch Anstand gehörte nicht zur Job Description der Reporterin. Natürlich stieg der Freak völlig arglos in das Spiel ein. Sein seliger Gesichtsausdruck verriet allen Umstehenden, dass er sich in seinem allerersten Interview schon als Popstar wähnte. Bereits der Umstand, für eine andere Person als die eigene Mutter interessant zu sein, wäre mit ziemlicher Sicherheit der Olymp seines bisherigen Lebens gewesen. Nun wollte jemand auch noch richtig intime Sachen wissen, die von einer echten Kamera für eine echte TV-Show aufgezeichnet wurden.

»Maike, wir wären ready«, sagte der Kameramann.

»Ich bin so weit«, sagte die Reporterin.

Ich gab meinen guten Platz in der Warteschlange vor dem Hit-Entry auf, um den Dreh besser verfolgen zu können. So sah ich, wie der Freak unter der Flut von Maikes Fragen ganz rote Flecken auf den blassen Wangen bekam.

»Wie legst du die Performance an?«, fragte Maike. »Kannst du uns ein paar Tanzschritte vorführen? Zeigst du bitte mal, wie du flirtest? Oh ja, das ist heiß. Apropos, hast du eine Freundin? Keine Freundin? Echt nicht? Was du nicht sagst. Und für wen ist das Herz auf deinem Oberarm? Echt wahr, für deine Jugendliebe? Romantisch! Wie lange wart ihr zusammen? Oh, ihr wart gar nicht zusammen, das ist mir jetzt aber unangenehm. Sonst alles gut mit den Frauen? Nicht wirklich? Wie viele Freundinnen hattest du schon? Jetzt hör aber auf! Noch keine Einzige? Du verkohlst uns. Was? Du bist noch Jungfrau? Na, das müssen wir ändern!«

Maikes Fragetempo ließ nach, als der Kameramann noch die obligatorischen Close-ups drehte. Segelohren, zahnloser Mund, Tattoo, schielendes Auge – eines nach dem anderen. Dann noch einige Bilder von den höhnischen Gesichtern der Umstehenden für die Zwischenschnitte. Sie würde den Beitrag garantiert wie eine lächerliche Herzblatt-Verarschung gestalten. Viel pink, dazu ein paar billige Grafikeffekte. Pulsierende Herzen, herumfliegende Rosen, kitschige Musik.

Was mache ich eigentlich hier, fragte ich mich und überlegte schon, einfach wieder nach Hause zu fahren. Nein, dachte ich gleich darauf, diesmal nicht. Diesmal werde ich nicht an meinem

Hang zur ironischen Distanz scheitern. Diesmal werde ich einfach funktionieren.

Ich reihte mich wieder in die Warteschlange ein. Die Menschenmenge vor dem Hit-Entry war inzwischen explodiert. Ich brachte rund dreißig Minuten damit zu, jungen Menschen beim »Check-in« zuzusehen und mich Zentimeter für Zentimeter nach vorne zu schieben.

Direkt vor mir stand ein Mädchen mit dichten schwarzen Haaren und dunklem Teint. Sie trug schlichte Jeans, einen blauen Kapuzenpullover und ein schwarz-weißes Palästinensertuch. Ich vermutete, dass sie persische oder türkische Wurzeln hatte.

»Moana«, sagte sie, als sie an der Reihe war. Sie sprach leise und bedacht und strahlte trotzdem Stärke aus, während sie sich mit der Studentin am Hit-Entry durch das Aufnahmeprozedere quälte. Ich wollte mich schon geistig ausblenden, als mich eine von Moanas Aussagen aufhorchen ließ.

»Bitte notiere, dass ich mich auf keinen Fall nackt vor der Kamera zeige.«

Die Studentin schaute verdattert drein.

»Wie meinst du das?«

»So, wie ich es sage.«

»Sorry, dafür gibt es kein Feld in der Eingabemaske.«

»Dann mach einfach eine handschriftliche Notiz.«

Die Studentin wurde ungehalten.

»Wir haben keine Zeit für Extrawürste. Außerdem sind wir hier bei YOU ARE A STAR und nicht bei YOU ARE A PORN STAR.«

»Ich gehe auch nicht halb nackt vor die Kamera. Ich bin hier, um zu singen und für sonst nichts.«

Diese Bestimmtheit schien der Studentin zu imponieren. Sie kritzelte tatsächlich etwas auf einen Zettel, dann sah sie an Moana vorbei.

»Der Nächste, bitte.«

Ich gab mein unterschriebenes Bewerbungsformular ab und mit ihm meine Persönlichkeits-, Bild- und Tonrechte, meine finanzielle Unabhängigkeit im Fall einer Showteilnahme, meinen Anspruch auf den sogenannten »Rechtsweg« und noch ein paar andere Dinge, die unbedarfte Menschen vor abgebrühten Medienkonzernen schützen sollen.

»Name?«, fuhr mich die Studentin an.

Steht doch auf dem Formular, du blöde Kuh, dachte ich.

»Noel Herzig, freut mich, dich kennenzulernen.«

»Alter?«, bellte mich die Göre an.

Steht auch auf dem Formular, dachte ich.

»28«, sagte ich. »Ihr macht hier einen echt tollen Job, so viele Leute und alles unter Kontrolle.«

Sie ging nicht darauf ein.

»Von wo kommst du?«

Ich hätte lieber mit ihr geschlafen, als hier blöd mit ihr herumzuquatschen.

»Mensch, steht doch alles im Formular«, sagte ich.

»Okay, du Schlaumeier«, sagte sie. »Wir machen hier einfach unseren Job. Da gehört nun mal dazu, dass wir die Einträge am Formular auf ihre Richtigkeit überprüfen. Geht das für dich klar, oder willst du lieber verschwinden? Weil wenn du mir keine vernünftigen Antworten gibst, kann ich dir auch einfach die Akkreditierung verweigern.«

Da lebt eine ihren kleinen totalitären Traum, dachte ich. Ihr Gekeife gefiel mir wesentlich besser als ihr unterkühlter Tonfall von gerade eben. Verschwinden wollte ich natürlich nicht. Ich machte auf geknickt und bestätigte der Reihe nach alle Angaben auf dem Formular.

»Meine Telefonnummer ist auch korrekt«, sagte ich. »Kannst sie gerne mal ausprobieren.«

Sie runzelte nur die Stirn und überreichte mir ohne weiteren Kommentar meine Akkreditierung, die Startnummer und einen Zettel mit allen Infos zum gesamten Ablauf.

Ich ging zum »Backstage-Raum«, der eigentlich kein Backstage-Raum war, weil es keine Bühne, also keine »Stage« gab. Wie jeder wusste, würden wir auf einem mit rotem Klebeband markierten Punkt vor dem Tisch der Jury singen. Wenn das schon reicht, um als Bühne durchzugehen, dann bin ich Barry Manilow, dachte ich.

Mein Zynismus war eine perfekte Maske, um meine wahren Gefühle zu verbergen. Der große Vorteil bestand darin, dass ich mich zu nichts bekennen musste. Nun wurde es jedoch Zeit für ein Bekenntnis. YOU ARE A STAR würde für mich weder ein bizarres Experiment noch ein kühl kalkulierter Karriereschritt sein. Ich brauchte diese Show wie ein Verhungernder einen Bissen Brot. Akademische Titel, tolle Jobs, lange Beziehungen, Kinder, Eigentumswohnungen, schöne Urlaube, das waren die Zutaten, aus denen die meisten meiner Alterskollegen ihr Leben formten. Ich hatte nichts. Keine zählbaren Erfolge, keine Statussymbole. Nur eine passable Stimme, die ich manchmal für Werbeproduktionen und Hintergrundchöre hergab.

Vor wenigen Wochen hatte ich meinen alten Schulfreund Johannes zufällig auf der Straße getroffen. Ein Handshake wie in alten Zeiten. Selbstbewusst quetschte er meine Finger. Nach ein bisschen Small Talk stellte Johannes die unvermeidbare Frage.

»Und, Noel, was treibst du so?«

Ich versuchte es mit einem lauwarmen Scherz.

»Du meinst, mit wem ich es treibe?«

Johannes lachte pflichtbewusst.

»Jetzt mal im Ernst«, sagte er. »Was hast du mit deinem Leben angefangen?« Johannes wollte natürlich gar nicht wirklich wissen, wie es mir ergangen war. Er suchte nur einen Sockel, auf den er sein strahlendes Monument stellen konnte. Wahrscheinlich hatte er auf den ersten Blick den Versager in mir erkannt.

»Ich schlage mich als Künstler durch«, sagte ich.

Für einen Augenblick wirkte Johannes verunsichert. Offenbar war ein echter Künstler eine Bedrohung für das, was er zu bieten hatte. Doch er sammelte sich schneller als erhofft und setzte ein gönnerhaftes Gesicht auf.

»Künstler! In welchem Bereich?«

»Musik. Eigentlich Popmusik.«

»Toll. Was habe ich schon von dir gehört?«

»Kennst du Freshman Kaubonbons?«

Johannes wühlte in seinen Taschen und zog ein Päckchen hervor. Cassisgeschmack. Das passte zu diesem Schnösel.

»Da habe ich den Jingle gesungen«, sagte ich.

Johannes bettete sich in seinen Triumph und erzählte die nächsten fünfzehn Minuten über seinen Job als Banker bei einem internationalen Hedgefonds, die »Spaßwohnung« mit Dachterrasse in der Innenstadt und seine Freundin, die zwar noch studierte, aber nebenbei ganz gut als Model verdiente. Sein Leben klang so widerlich perfekt, dass es ihm offenbar selbst peinlich wurde.

»Ich muss dann weiter«, sagte er und sah auf die Uhr. »Ein Termin. Wenn du mal eine Single draußen hast, lass es mich wissen.« Zum Abschied klopfte er mir wohlwollend auf die Schulter.

Damals traf ich eine Entscheidung. Schluss mit hehren Zielen. Ich gönnte mir ein Kebab mit Kalbfleisch, Salat, Tomate, scharfem Gewürz und Soße, aber ohne Zwiebeln. Während ich aß, lachte mich von einer Plakatwand auf der anderen Straßenseite ein Mann an. Er strahlte Zielstrebigkeit, Optimismus und Autorität aus. Ich wusste, wer dieser Typ war. Es handelte sich um Joseph Jones, den deutsch-amerikanischen Juryvorsitzenden der Castingshow YOU ARE A STAR, gemeinhin als »JJ« bekannt. Kritiker sagten JJ nach, er würde junge Poptalente mit der Brechstange formen. Hier auf der Plakatwand wirkte Mister Joseph Jones aber ganz sympathisch. Ich wusste aus den Medien, dass sein Vater ein afroamerikanischer Soldat gewesen war. Die braune Mischlingshaut und der klingende Name verliehen ihm internationales Flair. Aus seinem Mund quoll eine Sprechblase mit den Worten »You are a Star«.

Was für eine freundliche Unterstellung, dachte ich. Das muss ein Zeichen sein. Ich ging nach Hause, setzte mich zum Computer und meldete mich online für das Casting an.

Nun schritt ich den Flur entlang, der zum sogenannten »Backstage-Raum« führte. Mein Abschied vom Zynismus war nicht spurlos an mir vorübergegangen. Die gefühlte Überlegenheit war Geschichte. Mich quälten verschwitzte Hände, trockene Lippen und ein enormer Harndrang. Ich musste furzen, weil meine Gedärme mit einem Schlag verrücktspielten, und als ich das Informationsblatt zwecks genauerer Wegbeschreibung zückte, merkte ich, dass meine Hände zitterten.

Nun war es also soweit. Ich unterschied mich nicht mehr von anderen Kandidaten. Ich fürchtete mich vor dem Moment, in dem mir JJ sein gerechtes Urteil entgegenschmettern würde. Abermals kam mir sein Blick von der Plakatwand in den Sinn. Er hatte etwas Hypnotisches gehabt.

Während ich andere Kandidaten eben noch gemieden hatte, suchte ich nun den Kontakt zu ihnen. Ich brauchte Ablenkung, Verbündete. Ich setzte mich zu einer jungen Frau, die nervös an ihren Nägeln kaute.

»Hi, ich bin Noel. Weißt du, wie das hier jetzt vor sich geht?«

Die junge Frau ließ irritiert von ihren Nägeln ab und antwortete mit einem slawischen Akzent.

»Ich bin auch zum ersten Mal bei so einer Show.«

»Wie heißt du?«

Sie blieb einsilbig.

»Sanja«, sagte sie.

Vielleicht fühlt sie sich von mir genauso belästigt, wie ich mich eben von Mike, dachte ich. Doch es ging mir nicht um ihr Wohlbefinden, sondern um meines.

»Woher kommst du?«, fragte ich sie.

Sie sprach ein »ü« wie ein »u« aus, was sie sympathisch machte.

»Ursprunglich oder im Moment?«, fragte sie.

»Sowohl als auch.«

»Ich bin eigentlich eine Jugo, aber ich lebe schon seit funfzehn Jahren in Bochum.«

»Was hältst du von JJ? Fürchtest du dich vor ihm?«

»Ich wundere mich manchmal uber seine Benehmung. Er macht mich wutend. Aber ich furchte mich nicht.«

Ich nahm JJ in Schutz, um noch mehr von Sanjas Wortverfremdungen zu hören.

»Meistens hat er recht«, sagte ich. »Viele Menschen überschätzen sich. Denen muss jemand ohne Umschweife die Meinung sagen.«

»Mag sein. Bloß geraten JJs Ausbruche immer wieder außer Ordnung. Das geht zu weit.«

Ich wollte mich noch weiter in das Gespräch mit Sanja vertiefen, doch im Gegensatz zum Hit-Entry ging hier alles Schlag auf Schlag. Eine Mitarbeiterin rief mich und zwei andere Kandidaten, einen Mann und eine Frau, auf. Eine abgeblitzte Kandidatin stürmte an uns vorbei, als wir zur Pforte des Allerheiligsten, einem Saal namens »The Chamber«, kamen.

»Ich warne euch, dieser JJ ist echt ein Arschloch«, rief sie uns empört zu. »Ich würde flüchten, solange ihr noch könnt.«

Drinnen saß, umzingelt von einem zehn Mann starken Fernsehteam, das jede Bewegung und jeden Ton einfing, die dreiköpfige Jury. Sie bestand aus Heiko, einem etwa fünfzigjährigen Musikjournalisten mit blond gefärbten Haaren, der die Kandidaten durch eine orange getönte Sonnenbrille musterte, Admiranda, einer nicht mehr ganz so jungen Sängerin, die ich von Ballermanndokus und Realityformaten kannte, und natürlich JJ. Um ihn drehte sich alles.

JJ thronte im Zentrum der Kulisse. Vor ein paar Jahren war das noch anders gewesen, da hatte er sich als »Vocalcoach« am Rande des Formats befunden. Doch JJ hatte seine wenigen Minuten »Airtime« genutzt, um sich durch besonders originelles Verhalten hervorzutun. Fast jedes seiner Coachings mündete in einem Eklat, der zu Heulkrämpfen, Nervenzusammenbrüchen und sogar Gewaltszenen führte. In der zweiten Staffel war JJ bereits Teil der Jury und in der dritten wurde er zum zentralen Scharfrichter.

»Verdammt, Jenny«, sagte er gerade. »Ich brauche dringend ein Mineral. Und wenns geht Ohropax, weil ich die Scheiße, die ich hier geboten bekomme, allmählich nicht mehr ertrage.« JJ hatte offenbar schlechte Laune und machte deshalb einer jungen Assistentin die Hölle heiß. »Außerdem habe ich dir schon hundert

Mal gesagt, dass ihr zumindest ein paar Loser aussieben müsst. Ich kann mir hier nicht jeden Dreck anhören.«

»Wir brauchen die Freaks für die Kurzbeiträge«, sagte Jenny.

»Ich will keine Widerrede mehr hören. Da draußen steht ein Haufen Kids, von denen 95 Prozent letztklassige Ausschussware sind, und morgen geht das Ganze in der nächsten Stadt weiter.«

JJ war es offenbar komplett egal, dass ihm gerade einige »Kids« zuhörten. Nur seinen Mitjuroren war der Fauxpas bewusst. Sie wichen unseren Blicken aus und spielten hoch konzentriert mit ihren Kugelschreibern.

»Ich bin Noel«, sagte ich zu dem Mädchen neben mir. »Das kann ja heiter werden.«

»Lucy«, erwiderte sie geistesabwesend.

Lucy sah ziemlich gut aus, hatte aber offenbar keine Lust auf Konversation. Der zweite Mann in unserem Trio auch nicht. Er schaute nur überheblich aus der Wäsche. JJs üble Laune änderte daran nichts.

»Ich will einfach nur sichergehen, dass uns kein Talent durchflutscht«, sagte Jenny.

Das war für JJ zu viel. Er erhob sich langsam von seinem Stuhl und stützte seine durchtrainierten Arme auf das Pult.

»Hör mir jetzt gut zu, du kleine, dummdreiste Schlampe«, brüllte er. »Ich habe schon viele Pferde kotzen gesehen, aber dass hier in jedem hässlichen Vollpfosten ein Supertalent steckt, glaubst auch nur du. Also überlass mir das Denken und tu einfach, was ich dir sage.« JJ hielt kurz inne, um die beleidigende Wirkung seiner Worte auszukosten. »Wenn noch einmal eine Komplettpfeife ohne jeglichen Unterhaltungswert meine Gehörgänge verpestet, setzt es ausnahmsweise mal zwei Arschtritte. Einer davon ist für dich reserviert. Kapiert?« Er lachte rau, wie ein Bösewicht aus einem Spaghettiwestern, und ließ sich selbstgefällig in den Sessel zurückplumpsen.

Kein Mensch nahm von uns Notiz, stattdessen drängte sich nun alles um Jenny, die in Tränen ausbrach und aus dem Raum lief.

»Musste das sein?«, fragte Admiranda. Sie war eine hübsche Frau um die Vierzig, der die Härte des Popbusiness einige verlebte Züge ins Gesicht gemeißelt hatte. Um diese Spuren zu kaschieren, verwendete Admiranda von allem zu viel. Sie trug zu viel Schminke, verwendete zu viel Parfüm und behängte sich mit zu viel Schmuck. Sie hatte vor den Wunschvorstellungen der anderen Menschen kapituliert. Doch nun, da JJ die kleine Jenny fertiggemacht hatte, wollte sie offenbar ein wenig Frauensolidarität heucheln.

»Ja, das musste sein«, antwortete JJ kalt. »Weil wir hier Fernsehen machen. Im Fernsehen ist kein Platz für unprofessionelles Verhalten und Sentimentalität.«

»Es ist nur …«

»Ich will nichts mehr hören. Wenn du ein Problem hast, besprich es mit den Sendungsverantwortlichen.« JJ setzte sich, ganz eiskalter Quotenkiller, eine Sonnenbrille auf und entzog sich so jeglichem Blickkontakt. »Wenn dir die Gefühle der kleinen Jenny so wichtig sind, kannst du ihr ja in die Garderobe nachrennen. Das gibt sicher einen tollen Backstage-Beitrag. Zwei Gören liegen einander flennend in den Armen, weil der böse JJ ausgesprochen hat, was sich ohnehin alle denken. Wir machen inzwischen weiter. Mit einem Typen wie dem da« – dabei zeigte er auf mich – »werden wir auch ohne dich fertig.«

Die Ballermannsängerin blieb sitzen. JJ grinste selbstgefällig. Ich stand einfach nur da und harrte der Dinge. Heiko, bisher schweigsamer Zuhörer, klinkte sich ein. Er lehnte sich auf das Pult und stützte sein Kinn auf beiden Händen ab. Jeder Finger war mit einem Ring geschmückt. Ich erkannte eine Schlange, einen Totenkopf und seltsamerweise auch den Schriftzug der Band Queen.

»Okay, Noel«, sagte Heiko. »Das war ja gleich mal ein heftiger Einstieg für euch. Ich schlage vor, dass du gleich als Erster singst.«

Lucy und der andere Typ schnauften erleichtert. Der Musikjournalist grinste mich aufmunternd an. Doch JJs Wut war noch nicht verflogen.

»Was soll das schon wieder heißen?«, sagte er. »Heftiger Einstieg? So ist das Musikbusiness, daran muss er sich gewöhnen. Wer hier schon einknickt, hat in dieser Branche nichts verloren.«

»Wer sagt, dass ich einknicke?«, fragte ich.

»Was sagt man dazu! Es spricht!« JJ lachte exaltiert auf.

Ich ging zum roten Kreuz auf dem Boden vor dem Jurypult.

»Herzlich willkommen bei YOU ARE A STAR«, sagte JJ. »Erzähl uns, wer du bist und was du dir von der Show erwartest.«

»Mein Name ist Noel Herzig, ich bin 28 Jahre alt und möchte hier mitmachen, weil ich das als meine letzte Chance sehe, im Popbusiness durchzustarten«, sagte ich.

Die eben noch übellaunige Jury entspannte sich. Dass dieser Sinneswandel mit meiner Kurzvorstellung einherging, wertete ich als gutes Zeichen.

»Geiles Outfit hast du da«, lobte mich Admiranda. Ihr Outfit war auch geil, allerdings nicht im übertragenen Sinne. Sie trug ein fast transparentes, bauchfreies T-Shirt.

»Dein Name ist schon mal Popstar-like«, sagte der blondierte Heiko. Er lächelte mir zu und ich sah einen kleinen Brillanten, den er sich offenbar in seinen Eckzahn hatte einarbeiten lassen.

Auch der allmächtige JJ ließ zaghaftes Wohlwollen durchklingen.

»Wenn du so selbstbewusst auf der Bühne stehst wie hier vor uns, kann das eine gute Performance ergeben.«

Ich blieb auf der Hut. Vielleicht handelte es sich bei diesem weichgespülten Castingintro um eine fiese Falle. Vielleicht wiegten sie mich in Sicherheit, um mir das Gefühl zu geben, sie seien Freunde, bloß um mich dann richtig bloßzustellen. Ich lächelte bescheiden.

»Ich will euch hier nicht zu lange aufhalten, deshalb …«

»Hey, hey, hey, mein Freund«, fiel mir JJ sofort ins Wort. »Du musst uns nicht das Denken abnehmen. Wenn wir plaudern wollen, ist das okay, und wenn es für uns okay ist, ist es hoffentlich auch für dich okay.«

»Natürlich«, sagte ich.

»Dann hätten wir das auch geklärt.« JJ kippte wieder in seine forsche Gangart. »Weil du offenbar keine Zeit verlieren willst oder dich unser Gelaber einfach langweilt, sag uns doch, was du performst, und wir hören mal rein.«

»Ich singe ›With A Little Help From My Friends‹ von den Beatles.«

»Eine Nummer zu groß für dich, mein Lieber.« JJs Augen wurden zu Schießscharten, aus denen er giftige Blicke abfeuerte.

»Denke ich nicht«, sagte ich. »Aber kein Problem. Dann singe ich einfach ›Back For Good‹ von Take That.«

Ohne eine Antwort abzuwarten, trällerte ich los. Zuerst mit angezogener Handbremse und sanftem Timbre, im Laufe der ersten Strophe dann mit etwas mehr Nachdruck und ausladenderen Gesten und beim Refrain schließlich mit der vollen Bandbreite meiner Stimme.

Whatever I said, whatever I did, I didn't mean it, I just want you back for good.

Dieser All-Time-Boyband-Hit kam mir selbst vor wie ein letzter Hilferuf meines weit zurückgedrängten Stolzes, doch ich hörte weg und gab mich ganz dem Moment hin. Ich wollte unbedingt bei meinem Plan bleiben. Jahrelang hatten mir meine Musikerfreunde erzählt, dass es ein Qualitätskriterium sei, nicht wahrgenommen zu werden. Das zeuge von Konsequenz, künstlerischer Bedeutung und Wahrhaftigkeit.

Hier, in »The Chamber«, war Schluss mit Abgrenzung und intellektueller Attitüde, Schluss mit dem Gefasel über »Independent«, »Alternative« und »Feuilleton«. Ich hatte mich nun einmal dazu bekannt, dass ich mein Gesicht lieber im Fernsehen als im Spiegel sah. Die anderen sollten ruhig in ihren stinkigen Kulturvereinen verrotten und Kopfschmerzen vom Saufen in den kleinen »Indie«-Clubs bekommen. Wenn sie über die Reichen, Schönen und Erfolgreichen schimpfen und ihr Unvermögen auf die Dummheit des

Publikums schieben wollten, war das ihre Sache. Meine Reise ging woanders hin.

Ich legte all die Niederlagen meiner vergangenen Jahre in diese eine Popnummer und verstand zum ersten Mal, warum Kandidaten nach vollendetem Vortrag übertrieben jubelten oder hysterisch schluchzten, je nachdem, wie das Urteil ausfiel. Der Geist von YOU ARE A STAR war ansteckend. Ich konnte mich nicht entziehen. Ich war bereit, Protagonist der potenziellen Dramen dieser Show zu werden.

I guess that now it's time that you came back for good.

Als ich die letzte Zeile von »Back For Good« sang, liefen Tränen über meine Wangen. Ich wusste nicht, woher sie kamen. Vielleicht war es Trauer, dass ich so tief gesunken war, vielleicht aber auch die Erleichterung darüber, dass die hehren Ziele des Künstlertums endlich hinter mir lagen. Ich beugte den Kopf so weit als möglich nach hinten und blickte gedankenverloren in einen fiktiven Himmel, der in der Realität aus schwarzem Beton, tonnenschweren Stahlträgern und gleißenden Scheinwerfern bestand. Dieser Himmel symbolisierte mein Paradies. Ich bekam Gänsehaut und fühlte mich vom Stern der YOU-ARE-A-STAR-Galaxie erleuchtet.

Stille.

Der Kameramann hastete wie ein aufgescheuchtes Huhn durch den Raum, um Close-ups von meinen Tränen einzufangen. Jenny war zurückgekehrt, wohl um das Schicksal jenes Kandidaten mitzuerleben, der Zeuge ihrer Erniedrigung geworden war. Vielleicht hoffte sie, dass ich rausflog, sodass ich sie nie an ihre Schmach erinnern konnte. Meine Tränen beruhigten sie offenbar. Wir waren nun auf ewig in der Peinlichkeit dieses Moments vereint.

Die Kamera klebte mittlerweile auf JJs Antlitz. Er erhob sich unvermittelt, um zuerst ganz langsam und dann immer schneller zu applaudieren. Kurz darauf taten es ihm seine Jurykollegen Heiko und Admiranda gleich.

»Du bist natürlich weiter«, rief JJ.

»So eine sexy Bitch«, sagte Admiranda.

»Good Job, mein Lieber«, ergänzte Heiko.

»Du musst diese Rechteabtretung unterschreiben«, sagte Jenny.

»Ein Lächeln und das Victoryzeichen«, befahl der Setfotograf.

Ich kann gewinnen, dachte ich vollkommen euphorisiert. Ich kann es wirklich schaffen und alle anderen Kandidaten hinter mir lassen.

Ich fühlte mich inspiriert, erstarkt, erleuchtet. Mein Dank galt JJ. Er hatte mich mit seiner kompromisslosen Gangart zu einer Höchstleistung angespornt. Mit ein paar wohlformulierten Sätzen hatte er es geschafft, mich über den Abgrund zu treiben. Dass ich heil auf der anderen Seite angekommen war, schuldete ich seiner Intuition. Es war weit mehr als Dankbarkeit, was ich empfand. Ich bewunderte ihn.

Der Typ, der mit Lucy und mir gewartet hatte, war nun an der Reihe. Er hieß Karsten, studierte Gesang an einer angesehenen Musikhochschule und wollte »I Should Be So Lucky« von Kylie Minogue in einer »Eigeninterpretation« darbieten. Ich hoffte, dass es bei ihm eine Vernichtung werden würde, doch bereits bei den ersten Tönen merkte ich, dass er ein echter Vollprofi war. Sein Auftritt hatte Witz, sein Gesang eine ungeheure Tiefe. Er schaffte es, »I Should Be So Lucky« zu einer nachdenklichen und völlig eigenständigen Ballade umzuinterpretieren. JJ würde das natürlich auch erkennen. Ehe er sich in Lobeshymnen ergehen konnte, entschied ich mich für einen Abgang.

»Viel Glück«, raunte ich Lucy noch zu. Dann verließ ich fluchtartig den Raum.

Meine Selbstsicherheit war innerhalb weniger Sekunden in Zweifel umgeschlagen. Karsten war zu gut. Er würde mit seinem Können alle überstrahlen. Um gegen ihn bestehen zu können, würde ich mir etwas einfallen lassen müssen.

ES GING MIR UM MACHT

Weder Fisch noch Fleisch. Das beschreibt mich am besten. Ich bin weder schwarz noch weiß, weder Inländer noch Ausländer, weder sesshaft noch entwurzelt, weder groß noch klein, weder hübsch noch hässlich, weder begnadet noch untalentiert, weder abstoßend noch begehrenswert. Ist derjenige, der nichts von all dem ist, selbst ein großes Nichts? Diese Frage beschäftigte mich mein ganzes Leben. Besser gesagt, sie quälte mich. So, wie Patrick Süskinds Jean-Baptiste Grenouille permanent dem nicht vorhandenen Eigengeruch hinterherjagte, galt meine Suche der Erkundung von potenziellen Attributen, die mich und meinen Charakter beschreiben könnten. Meistens blieb es bei einer vagen Annäherung. Auch heute kann ich mit absoluter Sicherheit nur sagen, dass mein Urteil lebenslänglich lautete. Lebenslänglich dafür, dass ich betrogen und verraten wurde und Rache genommen habe.

Jede Niederlage hat ihre Geschichte. Meine beginnt in Heidelberg, wo mein Vater Ende der Sechzigerjahre als amerikanischer Besatzungssoldat stationiert war. Er war Afroamerikaner, was seine weiße Armee-Kollegenschaft schlicht »Nigger« nannte.

In den Soldatenstädten vor den Toren Heidelbergs gab es grausame Rituale für diese »Nigger«. Die Weißen soffen in der Milk-Bar, an der nur der Name unschuldig war. Solange, bis der an der vietnamesischen Dschungelfront unterdrückte, aber in der US-Armee nach wie vor schwelende Rassismus wieder durchbrach. Dann zogen sie in die Quartiere, in das Stockwerk der »Nigger«, wo sie ihre Späße trieben.

Eines Tages kamen sie auch zu uns. Als sie die Tür öffneten, glaubte ich an einen bösen Traum, der wie ein furchterregender Schatten in die Realität hinüberwirkt. Meine Mutter, eine gebürtige Deutsche, die sich Hals über Kopf in meinen Vater verliebt und damit das Stigma der Soldatenschlampe eingefangen hatte, begann sofort zu schreien.

»Shut up, German slut!«, grölten die besoffenen Soldaten. Mir hielten sie den Mund zu, noch ehe ich um Hilfe rufen konnte.

Zwei der Männer packten meine Mutter und zerrten sie in die Ecke. Für mich reichte ein Bewacher, der mich wie einen Sack schulterte und mir drohte, meinen Vater zu töten, sollte ich das Maul aufreißen. Er war offenbar zu faul oder zu betrunken, um mir dauerhaft den Mund mit der Hand zuzuhalten. Vielleicht fürchtete er sich auch vor Bissen. Ich schwieg trotzdem, weil ich meinen Vater nicht in Gefahr bringen wollte.

Weitere Proteste meiner Mutter stellten sie durch eine wuchtige Ohrfeige und ein ausgerissenes Haarbüschel ab. Danach ließen sie sie in ihrer Ecke greinen, um sich dem eigentlichen Opfer ihres betrunkenen Leichtsinns zuzuwenden. Mein Vater stand mit leerem Blick in einer Ecke. Seine Scham war nur durch ein Kissen verdeckt. Acht Mann gegen ihn. Er wusste wohl, dass Gegenwehr alles nur noch verschlimmert hätte.

Haltet euch nicht mit Nebensächlichkeiten auf, signalisierten sein Blick und seine Körpersprache. Kommt endlich zur Sache und lasst uns den Wahnsinn hinter uns bringen.

Der Rädelsführer der weißen GI-Bande herrschte meinen Vater an. Ich verstand ihn nur schlecht, denn trotz des Lebens auf der Militärbasis sprach ich die meiste Zeit Deutsch. Das lag an meiner Mutter, die hier in Heidelberg geboren war und selbst nur ein paar englische Brocken beherrschte. Mein Vater befand sich die meiste Zeit im Einsatz und fiel als Sprachinstanz weg. Ich konnte deshalb nur mit großer Anstrengung und viel Fantasie dechiffrieren, dass der weiße Ami mit süffisantem Unterton »einen großen Spaß« in Aussicht stellte. Dann musterte er meinen Vater von Kopf bis Fuß.

»What's your name, nigger?«

»I am Captain Joseph Jones.«

Mein Vater bemühte sich sichtlich, möglichst würdevoll zu klingen. Doch seine zwei Silberstreifen auf der Uniformjacke im

Kleiderschrank waren nichts gegen die Schulterklappe seines pöbelnden Kontrahenten. Der trug, wie seine besoffenen Kollegen, noch immer Uniform, obwohl das unwürdige Treiben alles andere als Dienst sein konnte. Die silberne Zeichnung auf der Schulter wies den kranken Sadisten als »Lieutenant Colonel« aus.

Mein Vater hatte mich gezwungen, alle Dienstgrade auswendig zu lernen, damit ich ihm in den Heidelberger Soldatenquartieren keine Schande machte. Second Lieutenant, First Lieutenant, Captain, Major, Lieutenant Colonel, Colonel, Brigadier General, Major General, Lieutenant General, General, General of the Army. Nicht auszudenken, wenn ich einem seiner Vorgesetzten begegnet wäre, ohne einen blassen Schimmer, wie ich ihn richtig ansprach. Da kannte mein Vater keinen Spaß.

Um mir Orientierungshilfen zu geben, hatte er mir sogar ein Memoryspiel gebastelt, in dem der Dienstgrad und die dazugehörige Schulterklappe ein Pärchen bildeten. Am Anfang hatte ich die Zeit genossen, die wir dadurch miteinander verbracht hatten. Mit zunehmendem Alter hatte ich die Unterwerfungsgeste zu verachten begonnen, die in diesem zwanghaften Erziehungsritual mitschwang. Immerhin konnte ich nun im Dunkel unseres Heidelberger Familienquartiers erahnen, dass neben dem betrunkenen Zustand der weißen GIs und der Hautfarbe meines Vaters auch noch die Hierarchie der US-Army gegen »Captain Joseph Jones« sprach.

»What's the name of your coffee colored son?«, wollte der nächtliche Angreifer wissen.

»Joseph junior, Lieutenant Colonel.«

Dass mein Vater diesen Bastard mit seinem Dienstgrad ansprach, ganz so, als befänden wir uns in einer militärischen Manöverbesprechung, ließ meinen Hass von der widerwärtigen Weißbrot-Truppe auf ihn überspringen. Wie konnte er sich auf diese Weise erniedrigen lassen und vor den Augen seiner eigenen Familie so würdelos agieren? Wieso hatte er nichts an, sodass er sich mit einem Kissen bedecken musste?

»Joseph junior.« Der weiße GI sprach mich nun direkt an. »Divine the future!«

Ich sah das Neuner Eisen meines Vaters an, das an der Wand über dem Bett hing. Er hatte damit auf dem Army-Stützpunkt in Vietnam immer Abschläge geübt. Der Schläger sollte ihn daheim daran erinnern, dass es auch im Krieg schöne Momente gab. Jetzt wäre das Eisen die perfekte Waffe gewesen, doch ich sah keine Möglichkeit, sie effizient einzusetzen. Ich war kräftig, aber erst fünfzehn und die Typen waren zu acht. Ich hatte keine Chance.

Die weißen Soldaten rissen das Laken vom Bett und wickelten meinen Vater darin ein. Er musste die Arme ganz nah an seinen Körper pressen, damit sie ihn wie ein kompaktes Paket verschnüren konnten. Sie achteten darauf, dass sich der Stoff möglichst eng um seinen Körper spannte, und zerrten wie besinnungslos an den Enden des Lakens, nur um keinen Millimeter Platz zwischen Stoff und Haut zu verschenken. Ich hasste meinen Vater für die Art, wie er sich das gefallen ließ, für seine Autoritätshörigkeit und für seine Kapitulation vor dem Feind in den eigenen Reihen. Gleichzeitig schämte ich mich für meinen inneren Verrat und hoffte inständig, dass sie endlich aufhören würden.

Allmählich blieb meinem Vater die Luft weg und ich merkte, wie er in Panik geriet. Die Angreifer packten einen braunen Spagat aus und verschnürten ihn. Er sah jetzt aus wie ein großer Kokon, in dessen Inneren etwas nach außen drängte, doch seine verzweifelten Armbewegungen halfen nichts. Meine Mutter schrie wie am Spieß.

»Hört auf, ihr Schweine, lasst ihn in Ruhe! Hat euch der Krieg den letzten Anstand ausgetrieben?«

Keiner beachtete sie.

»Es ist genug. Ihr hattet euren Spaß. Lasst uns in Ruhe. Denkt an den Jungen.«

»Mama, die sprechen nur Englisch«, sagte ich.

Meine Mutter sah mich fassungslos an. Dann brüllte sie weiter, noch immer auf Deutsch.

Die GIs öffneten das Fenster. Zwei Männer schulterten meinen verschnürten Vater und brachten ihn zum Fensterbrett.

Das Ritual, afroamerikanische Kameraden in Bettlaken zu wickeln und dann zu verprügeln oder aus dem Fenster zu werfen, kannte ganz Heidelberg vom Hörensagen. Schwarze Familien hofften inständig, dass es sich nur um einen Mythos handelte. Zumindest mein Vater, meine Mutter und ich wurden nun eines Besseren belehrt.

»One«, grölten die GIs. »Two ... Aaaaaand three!« Bei »drei« schleuderten sie meinen Vater aus dem Fenster.

Als ich den Aufprall hörte, wusste ich, dass diesmal alles noch viel schrecklicher war als in den Geschichten. Die GIs waren offenbar noch betrunkener als sonst, andernfalls wären sie nicht auf die wahnsinnige Idee gekommen, diesen Streich einem Schwarzen zu spielen, der im dritten Stock wohnte. Das üble Geräusch des Aufschlages ernüchterte sie. Ihr Anführer stürzte zum Fensterbrett. Offenbar realisierte er den folgenschweren Fehler.

»Check on Captain Joseph Jones«, befahl er den anderen Jungs.

Meine Mutter lachte hysterisch. Dass diese Bestien nun, nach ihrem grausamen Anschlag, jenen formalen Respekt bekundeten, der meinem Vater immer heilig gewesen war und der ihn dennoch nicht vor dieser schrecklichen Demütigung bewahrt hatte, raubte ihr offenbar den Verstand.

»Go, go, go!«, brüllte der Lieutenant Colonel. Aus seinen Augen war der ganze Schnaps gewichen. Stattdessen machte sich darin blankes Entsetzen breit. Er erwartete offenbar, dass ihm die Kameraden nicht nur bei dem Streich selbst, sondern auch beim anschließenden Ausbügeln der Konsequenzen gehorchten.

Die sieben anderen GIs gerieten in Panik. Ihre Erlebnisse in Vietnam – die Bombenangriffe und Moskitoattacken, der Kugelhagel und die Tropenkrankheiten – waren wohl nichts gegen den Schrecken, den ihnen die eigene Skrupellosigkeit einjagte. Sie rannten los, als ob es um ihr eigenes Leben und nicht um das ihres Opfers ginge. Sie sahen nicht nach meinem Vater. Sie folgten einem Prinzip, das sich schon in Vietnam bewährt hatte. Strohdach anzünden und dann schnell weg. Womit sie ihre Verteidigungsstrategie für später festlegten. Sie waren einfach nicht dabei gewesen.

Binnen weniger Augenblicke standen nur noch der geschockte Lieutenant Colonel, meine kreischende Mutter und ich im Zimmer. Ich hoffte, endlich einen schmerzverzerrten Schrei meines Vaters aufzuschnappen. Das hätte bedeutet, dass er noch lebte. Doch da waren nur das Wimmern meiner Mutter und die Schritte unserer Nachbarn. Der Lärm hatte sie geweckt und vor ihre Wohnungstüren getrieben. Sie verstanden nicht, was los war, denn nichts in den vier Wänden meiner Familie deutete auf den Albtraum hin, der uns von nun an ein ganzes Leben lang quälen würde. Mein Vater lag stumm und fest verschnürt unter unserem Fenster. Ein einzelner Lieutenant Colonel mit weißer Hautfarbe stand verwirrt vor einer deutschen Soldatenfrau und versuchte, sie und ihren Sohn zu beschwichtigen.

Ich ergriff die Initiative. Etwas in mir ahnte bereits, dass ich von nun an der Mann im Haus sein würde. Der Albtraum veränderte mich. Ich fühlte die Macht, die ich jetzt über dieses rassistische Stück Soldatenscheiße hatte, und sie fühlte sich gut an. Ein Wort von mir und unsere schwarzen Nachbarn hätten wahrscheinlich einen Lynchmord begangen.

Alles an meiner Existenz hatte mit Machtverhältnissen zu tun. Ich ging auf eine Schule für Militärangehörige und saß dort in der letzten Reihe mit den anderen schwarzen Kindern. Wir blätterten in den abgegriffenen Büchern des vorigen Jahrgangs, weil die Neuausgaben für die Weißen reserviert waren, wir rotteten uns an eigenen Ecken im Schulhof zusammen, weil jede Vermischung Ärger gebracht hätte und wir besetzten nur die angeschmierten Tische der Cafeteria, weil die Kantinenbetreiber vor allem auf das Wohlbefinden der weißen Sprösslinge achteten. Wenn ich einem hochrangigen Militär am Hauptplatz begegnete, musste ich wie ein junger Soldat salutieren. Innerhalb dieses Rituals gab es

Abstufungen. »Wenn du einen Bruder triffst«, sagte ein weißer Lehrer mal zu mir, »kannst du ihn ruhig namentlich begrüßen. Aber sonst«, und dabei blickte er furchterregend drein, »kein Wort und ja nicht in die Augen blicken.«

Ich lieferte den weißen Amerikaner nicht aus. Das wäre zu billig gewesen. Ich hatte etwas Besseres vor.

Beinahe hätte meine Mutter meine Pläne vereitelt.

»Joseph ... mein Joseph ...«, schluchzte sie. »Er ist doch Captain, wie kann man einem Captain ... so ein Unglück ...«

Ich fiel ihr ins Wort. Das war nicht der Zeitpunkt für Wehklagen, zumindest nicht, wenn ich meinen Plan in die Tat umsetzen wollte. Ich wusste, dass mein Vater tot war und dass wir noch genug Zeit haben würden, um ihn ausgiebig zu betrauern. Ich scheuchte die Nachbarn davon, indem ich kryptisch andeutete, dass es sich um eine familieninterne Angelegenheit handelte. Sie gingen.

Als sie weg waren, wandte ich mich an den GI, der mich mit leerem Blick anstierte. Eigentlich hätte er Gnade verdient, dachte ich. Er steht wenigstens zu seinem perversen Humor und übernimmt, anders als seine feigen Kumpane, Verantwortung.

Meine Mutter war mittlerweile in einen Zustand der Apathie hinübergeglitten. Auch sie schien sich bereits mit dem Tod meines Vaters abgefunden zu haben, zumindest versuchte sie erst gar nicht, nach ihm zu sehen. Stattdessen wippte sie mit dem Oberkörper stereotyp vor und zurück, ohne mich dabei aus den Augen zu lassen.

Nebenan war es wieder still geworden. Offenbar hatten sich unsere Nachbarn nur allzu gern abwimmeln lassen. Wahrscheinlich waren sie sogar erleichtert. Besser wegsehen, als in etwas verwickelt werden, das nur mühsam sein konnte.

Ich nahm eine viereckige Vase, die immer auf dem Nachttisch meiner Mutter stand, weil sie den Duft von Blumen beim Einschlafen liebte, holte aus und zertrümmerte sie am Schädel des vor Kurzem noch so großmäuligen GIs. Das Entsetzen über sein eigenes Handeln hatte ihm einen Großteil seiner Unmenschlichkeit ausgetrieben. Der kampfgeschulte Soldat wehrte sich nicht. Er ließ meine Attacke wie einen Akt der Selbstbestrafung über sich ergehen. Er sank zu Boden. Zuerst auf die Knie, dann auf alle viere. Von unten blickte er mir in die Augen, bis ihm das Blut aus der Platzwunde auf seiner Stirn den Blick verschleierte. Er grunzte, brachte sich zurück in kniende Position und erhob seine rechte Faust zu einer drohenden Geste.

»It's enough«, krächzte er mit rauer Stimme.

»Halt den Mund«, sagte ich und nahm das Neuner Eisen meines Vaters von der Wand. Mit beiden Händen umschloss ich es wie einen Baseballschläger. Ich holte weit aus und ließ das Sportgerät mit voller Wucht im Schädel des Lieutenant Colonels einschlagen. Sein Oberkörper sackte nach vorne.

Ich hob das Neuner Eisen über meinen Scheitel, bis der Schlägerkopf an mein Steißbein stieß, und zog voll durch. Diesmal bohrte es sich tief in den Hinterkopf des Mörders.

»It's enough«, sagte meine Mutter und kicherte entrückt.

Ich befühlte den Puls des GIs. Tot. Ich stemmte den Körper in die Höhe und warf ihn aus dem Fenster. Den Golfschläger warf ich hinterher. Dann lief ich hinunter und legte meinen toten Vater und seinen Mörder sorgfältig nebeneinander. Mit einer Schere schnitt ich das Bettlaken auf, womit ich den entstellten Körper von Captain Joseph Jones freigab. Seine gebrochenen Knochen erleichterten es mir, ihn in eine Uniform zu pressen. Ich hatte sie aus dem Kleiderschrank genommen und schmierte nun ein bisschen Blut von beiden Körpern auf die Ärmel und Hosenbeine. Zwischendurch kontrollierte ich immer wieder die dunkle Fensterfront des Gebäudes. Niemand sollte mich sehen, und wenn es doch Zeugen gab, wollte ich zumindest wissen, wer mich in der Hand hatte.

Nach getaner Arbeit kehrte ich in die Wohnung zurück und stellte mich unter die Dusche. Meine verdreckten Kleider ließ ich unter dem Bett verschwinden. Das sollte reichen. Ich erwartete keine gröberen Ermittlungen durch Militär und Polizei.

Meine Mutter sah mir schweigend zu, während ich mir andere Sachen anzog. Eine Mischung aus Schock und Urvertrauen ließ sie in einer Tatenlosigkeit verharren, die mir sehr zugutekam. Ab und zu strich ich ihr über den Kopf, um sie zu trösten. Etwas Besseres fiel mir nicht ein.

Für die bevorstehenden Aufgaben zog ich etwas abgetragene Freizeitklamotten an, um das Gefühl zu vermitteln, ich sei ein wenig durch den Wind. Dann wählte ich, es war mittlerweile zwei Uhr morgens, die Nummer des Basiskommandanten.

»Yes?«, fragte eine verschlafene Stimme.

»Hier Joseph Jones junior. Bitte kommen Sie sofort zur Unterkunft von Captain Joseph Jones. Es ist etwas Schreckliches passiert. Mein Vater … bitte kommen Sie einfach.«

Zehn Minuten später stand der oberste Militär des Stützpunkts in der Tür, um nach dem Rechten zu sehen. Meine Show hatte offenbar gewirkt, denn er tauchte ohne Begleiter auf, was nur in allerhöchster Eile oder bei Gefahr in Verzug geschah.

»Verdammt, warum klingeln Sie mich mitten in der Nacht aus dem Bett«, kam er ohne Begrüßung und in perfektem Deutsch zur Sache. »Woher haben Sie überhaupt meine Nummer?«

»Sie steht im Telefonverzeichnis des Stützpunkts.«

Perplex nahm der Kommandant meine Auskunft zur Kenntnis. Dass ihn hier offenbar jeder außerhalb der Dienstzeiten erreichen konnte, schien er bisher nicht gewusst zu haben. Wahrscheinlich hatte es auch noch keiner vor mir ausgenutzt. Sicher beschloss er gerade, am Morgen gleich als Erstes die Streichung seiner Nummer aus dem Register zu veranlassen.

Ehe er mir weitere Fragen stellte, ließ er den Blick durch den Raum schweifen, wo er unweigerlich an der zusammengekauerten Figur in der Ecke hängen blieb.

»Also gut, mein Sohn«, sagte er sichtlich beunruhigt. »Am besten, Sie erzählen mir jetzt, was hier los ist.«

»Mein Vater und ein Lieutenant Colonel sind tot«, sagte ich.

»Bitte was?«

»Sie liegen beide unter dem Fenster.«

»Sie verarschen mich.«

»Sehen Sie selbst.«

Zögerlich ging der Kommandant zum Fenster. Er lehnte sich nach draußen, vorsichtig, als fürchtete er, das Gleichgewicht zu verlieren. Als er zuckte, wusste ich, dass er die beiden leblosen Körper entdeckt hatte. Hektisch drehte er sich zu mir um. Noch einmal streifte sein Blick über die Blutflecken, das zerwühlte Bett, die aufgelöste Frau und mich.

»For heaven's sake«, sagte er. »Was ist passiert?«

»Es war ... ein Unfall«, stammelte ich. »Sie haben gekämpft und sind aus dem Fenster gefallen.«

Nun horchte auch meine Mutter interessiert auf.

»Warum haben sie gekämpft?«

»Der Lieutenant Colonel kam uneingeladen in unser Zimmer. Er war sehr betrunken.«

»Woher wissen Sie überhaupt, dass es ein Lieutenant Colonel war?«

»Mein Vater hat mir von klein auf alle Dienstgrade und die dazugehörigen Schulterklappen erklärt.«

»Nun gut, der Lieutenant Colonel kam herein. Und dann?«

»Mein Vater war gerade spazieren, da wurde der Lieutenant Colonel zudringlich. Er hat meiner Mutter an die Brüste gefasst und wollte sie küssen.« Meine Mutter wurde unruhig, deshalb fuhr ich zielstrebig fort. »Sie hat sich gewehrt und geschrien. Als ich eingreifen wollte, hat mich der Lieutenant Colonel weggestoßen.«

Der Kommandant wollte sich an meine Mutter wenden.

»Sie hat einen Schock«, sagte ich schnell. »Sie hat seitdem ... sie hat seither kein Wort herausgebracht.«

»Warum ist der Lieutenant Colonel ausgerechnet zu Ihrer Mutter gekommen?«

»In diesem Stockwerk leben vorwiegend Schwarze.«

»Ja, und?«

»Viele Weiße denken, dass sie sich hier alles erlauben können.«

Eine tiefe Sorgenfalte durchzog die Stirn des Kommandanten. Nun wusste er, was los war, und das bereitete ihm sichtlich Sorgen. Ein rassistisch motivierter Vergewaltigungsversuch, begangen von einem weißen GI an der ebenfalls weißen Frau eines schwarzen Kameraden, ein Kampf, ein Fenstersturz, zwei tote Soldaten, davon einer von hohem Rang. Das würde Schlagzeilen geben.

»Was ist dann passiert?«, fragte er.

»Mein Vater ist zurückgekommen. Die beiden haben gekämpft. Ich kann mich nicht so genau erinnern.« Ich bedeckte mein Gesicht mit den Händen, als würde ich weinen. »Der betrunkene Soldat war stärker«, sagte ich. »Er hat meine Eltern beschimpft. ›Slut‹ und ›Limp Dick‹ und ›Pussy‹ und so ein Zeug. Mein Vater hat mit einer Vase und seinem Golfschläger auf den Lieutenant Colonel eingeschlagen. Sie haben am Fenster gekämpft und das Gleichgewicht verloren.«

Meiner Meinung nach hatte ich genug erklärt. Der Kommandant sah das wohl ähnlich, denn er forderte keine weiteren Ausführungen. Er blickte düster drein.

In den folgenden Tagen lief alles so ab, wie ich es mir in den wenigen Sekunden vor meinem mörderischen Entschluss ausgemalt hatte. Niemand stellte Fragen, nichts wurde untersucht, keiner fragte nach den Details. Bloß schnell vergessen und zu den Akten legen, damit Medien und Vorgesetzte in der Heimat nichts mitbekommen. So lautete die Losung rund um das für zwei Mitglieder der US-Armee tödliche Ereignis.

Jene Soldaten, die den Mord an meinem Vater mitbegangen hatten, sahen die Schwarzen nun mit anderen Augen. Sie fürchteten um ihr eigenes Leben und konnten nichts dagegen tun, da jede Gegenstrategie mit einem Schuldeingeständnis gekoppelt gewesen wäre.

Die Nachbarn aus unserem Stock fanden die kursierenden Gerüchte rund um einen Vergewaltigungsversuch und einen anschließenden Kampf nur logisch. Es passte zu den Eindrücken der nächtlichen Störung.

Irgendwann wuchs Gras über die Sache und niemand interessierte sich mehr für den Vorfall. Er schien nirgendwo Spuren hinterlassen zu haben, außer in unserer Familie. Meine Mutter sagte danach kein Wort mehr. Ich vermutete, dass das etwas mit ihrer katholischen Erziehung zu tun hatte. Mit jeder Aussage über die Begebenheiten hätte sie entweder lügen oder ihren eigenen Sohn belasten müssen, was für sie beides nicht infrage kam. Manchmal sah sie mich an wie einen Satan in Menschengestalt, einen niederträchtigen Dämon, der fünfzehn Jahre lang auf seine Geburtsstunde gewartet hatte. In Wahrheit, dachte sie wahrscheinlich, hatte sie in dieser Nacht nicht nur ihren Mann, sondern auch mich verloren.

RUNDE EINS

Lucy, der ich zum ersten Mal in »The Chamber« begegnet war, schaffte es wie ich durch die Castings und Recalls in die Show. Sie nahm es zum Anlass, ihre Frisur zu ändern. Sie rasierte ihre rechte Kopfhälfte vom Seitenscheitel abwärts kahl. Auch Mike, den Hip-Hopper, sah ich wieder, ebenso wie Moana, die mir beim Hit-Entry wegen ihrer Nacktphobie aufgefallen war. JJ und der Rest der Jury hatten auch Sanja und ihre originellen Deutschinterpretationen für showtauglich befunden. Dass es der superprofessionelle Karsten schaffen würde, war ohnehin klar gewesen. Er galt bei Medien und Buchmachern bereits als großer Favorit. Seine Interpretation von »I Should Be So Lucky« war ein Publikumshit auf YouTube.

Zehn Kandidaten traten gegeneinander an. Zu Lucy, Mike, Moana, Sanja, Karsten und mir gesellten sich noch vier weitere Nachwuchssänger, die JJ und seine Kollegen in zwei anderen Großstädten rekrutiert hatten. Der Sieger würde in acht Runden ermittelt werden. Das TV-Publikum entschied. Wer im großen Fan-Voting die wenigsten Stimmen erhielt, musste die Show verlassen. Die besten drei würden das große Finale bestreiten. Doch so weit dachte ich nicht. Ich musste mich auf den Moment konzentrieren, was mir schwer genug fiel, denn ich versuchte inzwischen nicht mehr nur JJ zu gefallen. Lucy hatte es mir angetan. Dass wir gemeinsam auf unseren ersten Auftritt gewartet hatten, bedeutete etwas. Während mir die anderen Kandidaten wie Konkurrenten vorkamen, sah ich uns beide als verschworene Gemeinschaft. Karsten hätte theoretisch auch dazugehören können, doch sein widerwärtig souveränes Verhalten machte ihn zum Fremdkörper.

»Wir beide wären die perfekten Duettpartner«, sagte ich zu Lucy bei einem Gesangstraining mit JJ. Ich hätte sie auch ganz normal in unserer Freizeit ansprechen können, doch hier musste alles irgendwie mit der Show zu tun haben, um okay zu sein. Zumindest empfand ich es so. Die Chance, die mir JJ und YOU ARE A STAR boten, kam mir so gigantisch vor, dass ich mich mit jeder Faser meiner Persönlichkeit in die Erfüllung dieses Popstar-Traumes stürzen wollte.

Lucy tickte wie ich.

»Oh ja, du bist Robbie Williams und ich Nicole Kidman«, sagte sie.

»Wie wärs mit Johnny Cash und June Carter?«

»Zu verstaubt. Wenn schon Klassiker, dann Sonny und Cher.«

»Dann müsste ich dich regelmäßig verprügeln und das brächte ich nicht übers Herz.«

»Na gut. Elton John und Kiki Dee?«

»Das hieße, dass ich schwul wäre, und dann würdest du mich niemals erhören. Ein Vorschlag zur Güte. Albano und Romina Power.«

Lucy lachte.

»Da fällt uns sicher noch etwas Besseres ein.«

Während wir sämtliche Pop-Paarungen von Ike und Tina Turner über Suzie Quatro und Chris Norman bis Freddie Mercury und Montserrat Caballé abgrasten, pirschte sich ein Kamerateam heran.

»Hallo, ihr beiden Turteltauben«, begrüßte uns die Reporterin mit gespielter Naivität. »Darf ich euch etwas fragen?«

»Na klar«, antwortete ich.

Lucy nickte zustimmend. Das gefiel mir. Wir hatten dieselben Ziele. Umso besser, wenn wir uns gegenseitig dabei helfen konnten.

Die Reporterin legte los.

»Dann würde mich gleich mal interessieren, ob ihr ein Pärchen seid oder ob ihr euch hier zufällig kennengelernt habt.«

»Wir sind natürlich kein Paar«, hörte ich mich sagen. Irgendwie fühlte sich das wie eine Lüge an, obwohl wir uns tatsächlich erst seit Kurzem kannten. »Wir haben uns beim Casting kennengelernt und sind uns jetzt wieder begegnet. Von wo kommst du eigentlich?«, fragte ich Lucy.

»Aus Hamburg. Und du?«

»Auch. Da haben wir ja richtig viele Gemeinsamkeiten.«

»Was wäre denn noch so eine Gemeinsamkeit?«, bohrte die Reporterin weiter.

Ich lächelte Lucy an.

»Unsere allerwichtigste Gemeinsamkeit ist natürlich die Liebe zur Musik.«

Wir umarmten uns und stimmten »I Got You Babe« an. Also doch Sonny und Cher. Die Reporterin war ganz bei der Sache. Hatte sie eine aufkeimende Liebe entdeckt?

»Noel, Lucy, ihr wirkt schon jetzt wie ein Herz und eine Seele«, sagte sie.

»Genau so fühlen wir uns auch«, sagte Lucy.

»Wie ein Herz, eine Seele und eine Stimme«, ergänzte ich.

Gelächter.

»Mal angenommen, ihr wärt ein Paar«, sagte die Reporterin. »Wie würdet ihr mit der Konkurrenzsituation umgehen?«

»Ich sehe uns nicht als Konkurrenten«, sagte Lucy. »Wir sind ein Team. Alles kommt, wie es kommen muss. Es hat keinen Sinn, sich gegenseitig zu zerfleischen.«

»Außerdem sind wir kein Paar«, stellte ich klar.

Die Reporterin zwinkerte.

»Noch nicht«, sagte sie.

Lucy protestierte mit gespielter Empörung.

»Jetzt ist es aber genug.«

Das war ein guter Abbinder. Während Kameramann, Licht- und Tonassistent zufrieden von dannen zogen, verharrte die Reporterin noch in unserer Nähe. Sie trat unschlüssig von einem Fuß auf den anderen, bewegte dazu sanft ihre Lippen, als würde sie sich etwas vorsagen, und blickte immer wieder zu uns herüber.

Lucy und ich konzentrierten uns auf unsere neu gewonnene Zweisamkeit. Ich studierte ihr Gesicht, ihre blauen Augen, ihren

Mund mit den rissigen Lippen, ihre schmale Nase und ihren präzisen Haaransatz. Ihre Ohren waren winzig, auf dem rechten Läppchen prangte ein kleiner Leberfleck. Ihre Sinnlichkeit wirkte kalkuliert. Vielleicht war es genau das, was ich brauchte, eine berechnende Frau mit großem Herzen. Ich fand sie jedenfalls wunderschön und hochintelligent.

Lucy neigte den Kopf zur Seite, kniff die Augen zusammen und begutachtete meinen Körper aus sicherer Entfernung. Ich fragte mich, was sie von mir dachte. Wir sprachen nicht. Immerhin hatten wir unser erstes Mal vor der Kamera hinter uns. Das mussten wir wirken lassen. Ich genoss diesen stillen Moment. Da wandte sich die Reporterin wieder an uns.

»Ich muss mit euch reden.« Sie plapperte wie ein Wasserfall los. Kein Vergleich zu den wohlgesetzten Worten, die sie sich üblicherweise für ihre Interviewfragen bereitlegte. »Ganz ehrlich, ich glaube, dass ihr zusammengehört. Vielleicht nicht für immer, aber für den Moment. Ich will euch nicht drängen, aber als Paar wärt ihr ein echter Mehrwert für die Show. Versteht mich nicht falsch, ihr seid sicher ganz tolle Sänger. Aber davon hatten wir schon viele. Wir brauchen Geschichten. Versteht ihr? Emotionen. Echte Gefühle. Darauf stehen die Menschen. Und das steckt alles in einer ordentlichen Lovestory.«

Wir starrten sie fassungslos an. Lucy sammelte sich als Erste.

»Was hätten wir davon?«, fragte sie.

»Ich lege für euch ein gutes Wort ein«, sagte die Reporterin. Ihre Augen funkelten verschlagen. Schweiß stand auf ihrer Stirn, den sie immer wieder mit ihrem Blusenärmel abwischte.

»Das ist zu vage«, sagte Lucy.

Mir fiel ein harter Zug um Lucys Mund auf. Sie wirkte abgebrüht und das gefiel mir. Wir kannten uns gerade mal eine halbe Stunde und sie managte schon unser beider Karrieren.

»Ich verspreche euch, dass wir eurer Liebesgeschichte viel Platz einräumen«, sagte die Reporterin. »Je öfter euch die Menschen sehen, desto besser sind eure Chancen beim Voting.«

Ich nickte als Zeichen meines grundsätzlichen Einverständnisses. Auch Lucy schien zufrieden. Die Reporterin fischte eine Visitenkarte aus ihrer Tasche.

»Bevor wir endgültig zusagen, müssen Noel und ich herausfinden, ob es passt«, sagte Lucy.

Das Gesicht der Reporterin war voller Ungeduld. Ihre Nasenflügel vibrierten und ihre Zunge wanderte ständig die Innenseiten ihrer Lippen entlang.

»Wie lange braucht ihr dafür?«, fragte sie.

»Nicht lange.« Zu konkreteren Zugeständnissen ließ sich Lucy nicht hinreißen. Die Reporterin verdrehte die Augen.

»Lasst euch aber nicht zu viel Zeit«, sagte sie. »Wer weiß, ob sich nicht ein anderes Liebespaar aufdrängt.«

Lucy ignorierte die unterschwellige Drohung. Sie verzog keine Miene und steckte die Visitenkarte ein.

»Wir melden uns so schnell wie möglich«, sagte sie. Die Frauen gaben sich die Hand, dann ging die Reporterin.

Ich hätte am liebsten gleich erforscht, ob »es passt«. Doch unser Zeitplan vor der ersten Popschlacht war dicht gedrängt. »Themenshow« hieß das hier, weil jede dieser Schlachten unter einem bestimmten Motto stehen musste.

Für alles gab es ein Training. Der PR-Coach bläute uns die wichtigsten Regeln im Umgang mit Presse und Öffentlichkeit ein. Von ihm hörten wir Weisheiten wie »Immer nur positiv formulieren und keine Scheu vor Superlativen«. Uns ging es niemals »nicht schlecht«, auch nicht »gut«, sondern ausschließlich »bestens«. Mit der Jury hatten wir nicht »keine Probleme«, es reichte auch nicht, mit ihnen »klarzukommen«. Nein, wir arbeiteten mit den »professionellsten« Coaches, die es auf diesem Planeten überhaupt gab. JJ war die »ehrlichste«, sein Musikjournalistenkollege die »erfahrenste« und die Ballermannsängerin die »liebenswerteste« Musikbiz-Persönlichkeit der Welt. Überhaupt war alles mega-, giga- oder terrageil. Früher hätte ich gegen diese Form von Bevormundung rebelliert. Doch ich hielt JJ tatsächlich für den legitimen Strippenzieher hinter den Kulissen und wollte seine Expertise durch nichts, schon gar nicht durch kindisches Aufbegehren, infrage stellen.

Ich konzentrierte mich lieber auf meinen übermächtigen Gegner. Karsten ließ wirklich keine Gelegenheit aus, um sein Talent in Szene zu setzen. Während seines Gesangsstudiums hatte er sich offenbar das kleine Einmaleins des Popbusiness angeeignet. Er kam immer akribisch vorbereitet zu den Proben. Der Text, die Frisur, das Outfit, alles saß perfekt. Er trug in seiner Freizeit immer nur Anzughose und T-Shirt, dazu meistens Retro-Sneakers von adidas. Die drei Streifen waren immer auf die Farbe des T-Shirts abgestimmt. Die Haare hatte er stets perfekt zurückgegelt. Wenn es darum ging, die Reihenfolge für Maske und Garderobe festzulegen, versuchten alle Kandidaten vor ihm dranzukommen. Denn sobald der große Favorit der Medien in das Reich der Ausstatter und Visagisten eintauchte, verwickelte er diese in stundenlange Diskussionen. Karsten nahm kein Outfit widerspruchslos hin. Er mäkelte immer an Details herum. Sogar bei der Schminke redete er mit. Für uns anderen bedeutete das Warten. Wer gleich hinter ihm dran war, musste den Grant der genervten Stylingprofis ausbaden, die Karstens Benehmen als freche Anmaßung empfanden.

Leider zahlte sich Karstens Perfektionismus aus. Bei den Proben legte er einen Klasseauftritt nach dem anderen hin. Er strahlte eine für uns alle spürbare Präsenz aus. Nur das Feedback der Jury fiel zumeist verhaltener als erwartet aus.

»Irgendwie ist mir das alles zu steril«, kritisierte Admiranda.

Kein Wunder, sie war schließlich ganz und gar unsterile Konzerte in heißen Ballermanndiscos gewohnt und wusste, was die Leute zur Raserei brachte.

»Du musst an deinen Sympathiewerten arbeiten«, warnte Heiko.

JJ fand wie immer die klarsten Worte.

»Alles schön und gut«, sagte er, »aber deine Performance geht mir zehn Kilometer am Arsch vorbei. Da kommt nichts rüber. Mit so einem Auftritt gehörst du zum Musical, aber nicht auf eine Popbühne.«

Karsten zeigte sich von solchen Dämpfern unbeeindruckt. Er zog sein Programm unbeirrt durch und ließ uns alle spüren, dass er uns bloß für lästige Nebengeräusche in seinem ganz persönlichen Masterplan hielt.

Ihn offen anzugreifen hätte sich vermutlich negativ auf meine Sympathiewerte ausgewirkt. Zum Glück nahm mir Mesut, ein Kandidat aus Köln, die Drecksarbeit ab. Er war mit seinen gefälschten Markenklamotten und der protzigen Goldkette der genaue Gegenentwurf zu Karstens schnöseligem Musikergehabe. Singen hatte Mesut nicht auf der Universität, sondern in den türkischen Karaokebars seines Viertels gelernt. Wenn er das Wort »Make-up« hörte, dachte er an seine Schwestern, aber ganz sicher nicht an den eigenen Teint.

Mesut und Karsten lieferten sich immer wieder Wortgefechte, die schließlich in einem Eklat am Vorabend der allerersten Themenshow mündeten. Karsten hatte vor der Generalprobe wieder einmal stundenlang die Garderobe okkupiert und dadurch den gesamten Zeitplan über den Haufen geworfen. Nun musste sich Mesut innerhalb von fünf Minuten umziehen, was ihm gar nicht in den Kram passte, auch wenn er Kleidung für eine Notwendigkeit und nicht für ein Ausdrucksmittel hielt.

»Mensch, Karsten, du bist echt ärger als jede Tunte«, sagte er. »Wenn ich dir so zusehe, glaube ich echt, ein Weib steht vor dem Spiegel.«

Innerhalb weniger Sekunden war ein Fernsehteam vor Ort.

»Sofort aufdrehen«, zischte die Reporterin, die auch Lucy und mich ins Visier genommen hatte. Als Karsten konterte, leuchtete bereits die rote Aufnahmelampe.

»Mag sein, dass du zum Schafehüten nur einen Fetzen über dein Knochengerüst hängen musst«, sagte Karsten. »Ich sollte allerdings vernünftig aussehen. Ich habe schließlich einen Ruf zu verteidigen.«

»Lasst euch von uns nicht stören«, mischte sich die Reporterin nun ein. »Ihr könnt euch ruhig aussprechen.«

»Aussprechen würde voraussetzen, dass dieser anatolische Affe einen geraden Satz herausbringt«, sagte Karsten. »Sieh dir den Typen doch an. So einer putzt höchstens mein Klo.«

Mesut hatte jetzt auch keine Lust mehr auf eine Aussprache. Er holte einfach aus und knallte Karsten eine. Erst jetzt schalteten sich ein paar Mitarbeiter ein und trennten die beiden.

»Die Ohrfeige schneiden wir raus«, sagte die Reporterin. »Aber sonst war das ganz große Klasse.«

Die Mitarbeiter, für die der Zwischenfall offensichtlich Routine war, schoben die fluchenden Kontrahenten schließlich in unterschiedliche Räume. Der eine gab rassistische Beleidigungen, der andere türkische Schimpfwörter von sich. Die übrigen Kandidaten standen auf dem Flur vor der Garderobe und sahen dem Schauspiel ratlos zu.

Ich konnte die ganze Nacht nicht schlafen. Es war die Ruhepause vor unserer ersten Themenshow. »Die größten Partykracher« lautete das Motto. Ich zog mir alte Folgen von »Raumschiff Enterprise« rein, um die Nacht irgendwie zu überstehen. Während sich Captain Kirk auf fremde Planeten beamen ließ, malte ich mir meinen Direkttransport auf den Popstarstern aus. Dabei quälten mich linksseitige Magenschmerzen und ein merkwürdiges Stechen in der rechten Kopfhälfte. Ich ging mindestens drei Mal aufs Klo, was ich auf meine Nervosität schob. In meinem verzweifelten Kampf um ein paar Stunden Schlaf entfernte ich die Dosiervorrichtung der Baldriantropfen und kippte mir die halbe Flasche direkt in den Rachen. Doch statt Müdigkeit übermannte mich ein quälender Brechreiz, der mich weitere drei Mal ins Badezimmer trieb.

Als die Morgendämmerung mein Hotelzimmer erhellte, machte ich mich zu Fuß auf den Weg zum Studiokomplex. Ich hätte auch daheim schlafen können, denn wir waren in meiner Heimatstadt Hamburg, in der ich auch zum Casting gegangen war. Doch ich hatte das Angebot angenommen, ein Hotelzimmer zu beziehen. Je weniger Alltag, desto besser, hatte ich gedacht. Auf die Art käme ich leichter in den Castingshowmodus. Außerdem waren Hotel und Sender nur wenige Gehminuten voneinander entfernt.

Wer weiß, wie oft ich noch solche anonymen Spaziergänge genießen kann, dachte ich unterwegs. Heute war der Tag der Tage. Ich würde vor einem Millionenpublikum singen und ich würde Lucy wiedersehen. Ich musste lächeln.

Sobald ich den Eingangsbereich des Senders betrat, konnte ich den Kopf ausschalten. Von da an passierte alles ganz automatisch. Die Maschinerie, die das ermöglichte, erinnerte mich an die mechanische Menschenbeförderung innerhalb einer militärischen Musterungsstraße. Nur, dass ich diesmal nicht in einen Becher urinieren und meine Vene frei machen musste. Kurz vor unseren allerersten Auftritten auf der Showbühne hielt JJ eine Ansprache.

»Liebe Kandidatinnen und Kandidaten. Ihr repräsentiert die Besten aus Zehntausenden Bewerbern, die wir bei den Megacastings in Hamburg, Berlin und München ausgesucht haben. Ihr seid hier, weil ihr die größten Talente seid, die das Land derzeit zu bieten hat.«

Drei Kameras kreisten um uns, die Kandidaten. Eine weitere Kamera konzentrierte sich nur auf JJ und sein theatralisches Mienenspiel. Natürlich waren auch Admiranda und Heiko zugegen. Sie begleiteten JJs Worte mit einem wohlwollenden Nicken. Mehr hatten sie nicht beizutragen. Alles, was die Ballermannsängerin und den Musikjournalisten optisch ausmachte, hatten die Stylisten maximal ausgereizt. Ultraknappe Hotpants ergänzten Admirandas sexy Oberbekleidung. Bis zur letzten Sekunde umschwärmten Maskenbildner ihre Oberschenkel und trugen eine dicke Schicht Puder auf. Zwischen den Arbeitsschritten erkannte ich den Grund für die Geschäftigkeit. Admirandas Beine waren eben die Körperteile einer Vierzigjährigen, mit allem, was dazugehörte. Die Maskenbildner besserten Dellen und Streifen aus und erschufen die Illusion eines Popstars ohne Alter. Bei Heiko gab es weniger zu tun. Seine Haare waren noch blonder, die Sonnenbrille noch jugendlicher und die Ringe noch extravaganter. Mehr war nicht notwendig.

JJs Ansprache eiste meine Gedanken von Admiranda und Heiko los.

»Aber …«, jetzt wurde JJs Stimme bedrohlich, »… es wäre eine fatale Fehleinschätzung, wenn ihr euch auf dieses Talent verlassen würdet. Worum es hier geht, ist Disziplin, Zielstrebigkeit und Durchhaltevermögen. Wer glaubt, dass er sich nur auf seine Begabung verlassen kann, wird auf der Bühne eine böse Überraschung erleben.«

Ich bildete mir ein, dass JJ bei diesem Satz Karsten ansah. Das gab mir Mut für den bevorstehenden Auftritt. Noch einmal erhob unser Mentor die Stimme.

»Das Showbusiness ist gnadenlos. Deshalb dürft ihr euch auch von uns keine Gnade erwarten. Geht hinaus und gebt euer Bestes. Wir drücken euch die Daumen.«

Danach hörten wir den Moderator, wie er die Jury vorstellte und schließlich auf die Bühne bat. Das Trio verschwand im gleißenden Licht der grellen Bühnenbeleuchtung. Das Studiopublikum begleitete den Auftritt mit Applaus und lautem Johlen. Mir und wohl auch allen anderen Kandidaten lief die Gänsehaut über den Rücken. Auch wenn wir noch keinen einzigen Ton gesungen hatten, wähnten wir uns fast schon am Ziel unserer Träume. Doch diese Augenblicke vor der Show sollten die letzten genussvollen Momente des Abends bleiben.

Ich war als Letzter an der Reihe. Hinter der Bühne erlebte ich mit, wie JJ einen nach dem anderen zur Sau machte. Vor allem Lucys Vernichtung machte mir zu schaffen. Sie sang »I Will Survive« von Gloria Gaynor. Die Damen von der Garderobe hatten sie in ein silbernes Paillettenkleid und schwarze High Heels gesteckt. Ihre Haare waren hochgesteckt und das Glitzer-Make-up zauberte einen magischen Lichteffekt in ihr Gesicht. Ich fand sie atemberaubend und war sicher, dass die Jury sie lieben würde. Sie traf nicht jeden Ton, doch für mich spielte das keine Rolle. Ihrem

Charme würde sich niemand entziehen können. JJ belehrte mich eines Besseren.

»Go on now, go walk out the door. Just turn around now 'cause you're not welcome anymore ... ich weiß nicht, ob Gloria Gaynor eine finstere Vorahnung hatte, als sie diese Zeilen gedichtet hat«, sagte er. »Sie passen aber auf jeden Fall zu deinem Auftritt hier. Ich hätte mir echt gewünscht, dass du einfach kehrtmachst und über den Bühneneingang nach draußen verschwindest.«

Lucy sah JJ entsetzt an.

»Sieh mich nicht so an. Würde ich so eine Scheiße auf einer Party hören, würde ich auch Ecstasy nehmen.«

Ich merkte, wie Lucy mit den Tränen kämpfte.

»Komm, hau von der Bühne ab, bevor du hier einen Nervenzusammenbruch kriegst«, sagte JJ.

Damit war Lucy entlassen. Kurzfristig schlug meine Bewunderung für JJ in blinden Hass um. Doch seine Beurteilung von Karstens Performance versöhnte mich wieder.

»Lieber Feigwarzen auf dem Pimmel als deinen seelenlosen Singsang im Ohr«, schmetterte er ihm entgegen.

Der selbstgefällige Karsten traute seinen Ohren nicht.

»Wie bitte?« Er fingerte demonstrativ an dem kleinen Knopf in seinem Ohr herum.

»Du hast mich schon verstanden. Ich hätte lieber eine ekelhafte Geschlechtskrankheit als deinen Gesang in meinen Gehörgängen. Weil da wüsste ich wenigstens, dass ich zuvor etwas Geiles erlebt habe.«

Karstens Augen traten aus den Höhlen. Er konnte offensichtlich nicht glauben, was er da hörte. Wahrscheinlich hielt er seine Neuinterpretation von Britney Spears' »... Baby One More Time« für ein absolutes Highlight der Castingkultur, und nun wollte ihm JJ weismachen, dass er gar nicht so gut war, wie er immer gedacht hatte. Mit hastigen Schritten verließ er die Bühne. Als er den Bühnenrand erreichte, flimmerte ein Film über die riesigen Bildschirme. Er hielt inne und starrte auf die bewegten Bilder. Es handelte sich um einen kurzen Zusammenschnitt seines Streits mit Mesut, unzensiert, was Karstens rassistische Beschimpfungen betraf. Ein entsetztes Raunen ging durch das Publikum. JJ lächelte zufrieden. Nachdem der Einspieler zu Ende war, ergriff JJ das Wort.

»Ich habe mir gedacht, dass solche bösen Streitereien keinen Platz in einer friedlichen Show wie dieser hier haben. Dieser Film soll zeigen, auf welchen Holzpfad ihr euch begebt, wenn ihr euch gegenseitig bekriegt. Bei YOU ARE A STAR geht es um eine Sprache, die alle Völker verbindet, die Musik. Deshalb wünsche ich mir, dass ihr beiden, Karsten und Mesut, euch aussöhnt. Das wäre ein wichtiges Zeichen für alle Menschen da draußen.«

Karsten wusste, dass er erledigt war. Mechanisch marschierte er zu Mesut und schüttelte ihm die Hand. Es bestand kein Zweifel daran, wer hier der moralische Sieger war. Das Publikum quittierte die Aktion mit tosendem Applaus. Die restlichen Kandidaten mussten einer nach dem anderen auf die Bühne. Keiner bekam von JJ positives Feedback. Seine Kritik an den übrigen Teilnehmern fiel nicht so vernichtend aus wie bei Lucy und Karsten, dennoch machte sich eine verzweifelte Endzeitstimmung breit. Nach neun ernüchternden Gesangsrunden betrat ich die Bühne.

Für mein Debüt hatte ich ein Robbie-Williams-Cover gewählt. »Let Me Entertain You.« Das Publikum ging voll mit und klatschte im Takt, ein gutes Zeichen, wie mir schien. Auch die Mienen der Jurymitglieder entspannten sich, zumindest kam mir das so vor. Als ich danach vor JJ und seinen Kollegen stand, war ich überglücklich und erwartete dennoch das Schlimmste. Ich konnte mir nicht vorstellen, dass dieser Abend noch Lob hervorbringen würde. Ich schloss die Augen und gab mich meinem Schicksal hin.

»Das war die beste Leistung dieser Show«, sagte JJ.

Ich war überwältigt.

»Du kannst dich zwar noch steigern, aber für einen ersten Auftritt vor großem Publikum war das echt in Ordnung.«

Es gab also doch noch Gerechtigkeit. Mir wurde sie in diesem Moment zuteil.

»Du hast in den vergangenen Wochen konsequent gearbeitet. Ohne Allüren und mit großer Professionalität. Schon beim Casting ist mir aufgefallen, dass du etwas Besonderes bist. Deine Einzigartigkeit hast du wunderbar auf die Bühne gebracht.«

JJs Lob inmitten der Vernichtungsorgie wurde mir allmählich peinlich. Doch er war nicht zu bremsen.

»Lass mich noch eines anmerken. Es tut gut, mal einen etwas reiferen Mann in der Runde der Kandidaten zu haben. Mit deinen 28 Jahren weißt du, was du willst. Das strahlst du auch auf der Bühne aus.«

JJ zwinkerte mir zu. Das war offenbar das Zeichen, das keine weiteren Lobeshymnen folgen würden. Das Publikum applaudierte und ich richtete Worte des Danks an JJ und die Menschen im Saal.

Noel, du bist wirklich gut, dachte ich. Wenn eine musikalische Instanz wie JJ so viel von dir hält, musst du wirklich ein großer Künstler sein.

Erstmals seit meinem erfolgreichen Castingauftritt gönnte ich mir ein wenig Selbstzufriedenheit. JJ hatte sie mir eingeimpft. Nun machte sich ihre erleichternde Wirkung in meinem ganzen Körper breit. Meine Muskeln entspannten sich. Mein Bauch tat nicht mehr weh. Das Zittern meiner Hände ging in eine angenehme Regungslosigkeit über. Sogar mein Kopf hörte auf zu hämmern.

JJ, ich danke dir, dachte ich. Erst durch deine Gnadenlosigkeit konnte dein Zuspruch seine volle Kraft entfalten.

Ich war optimistisch. Auch für Lucy. Sie sah einfach zu schön aus, um vom Publikum hinausgewählt zu werden.

Meine Prognosen bewahrheiteten sich. Lucy schaffte es. Natürlich kam auch ich weiter. Der erste Verlierer war der Favorit der Show. Karsten blieb auf der Strecke.

ICH BIN SCHWUL

Mit fünfzehn Jahren trat ich auf Wunsch meiner Mutter in den Chor einer katholischen Kirche ein, die ein paar Kilometer vom Militärstützpunkt entfernt war. Dort sollte ich mir meine Sünden von der Seele singen. Es war meiner Mutter besonders wichtig, dass wir uns nicht in den Glaubenseinrichtungen der US-Basis aufhielten. Für die spirituelle Reinigung ihres Sohnes wollte sie lieber auf neutrales Territorium übersiedeln. Überhaupt zog es sie fort. Obwohl der Kommandant lebenslanges Wohnrecht eingeräumt hatte, mietete sie schon bald eine Wohnung in der Nähe der Kirche und begann so etwas wie ein neues Leben. Es war ein stilles Leben. Sie kommunizierte auch weiterhin nur über Gesten und geschriebene Wörter.

Unser neues, streng gläubiges Umfeld brachte Verständnis für sie auf, war sie doch Witwe, Alleinerzieherin und nach Meinung der Mitmenschen Opfer von sexueller Gewalt.

Ich profitierte auch von der Milde der Christen. Während meine Hautfarbe bisher nur Grund für Erniedrigungen und Hänseleien gewesen war, behandelten mich diese Gläubigen wie ein willkommenes Kuriosum. Jene Jahre waren von Ideen wie gesellschaftlicher Liberalität, sexueller Befreiung und Weltfrieden geprägt. Demonstrativ nahmen sie mich, den Farbigen, ohne Ressentiments auf. Der Organist ließ mich sogar nach amerikanischer Gospelmusik suchen, die wir einstudierten, um sie in den Sonntagsmessen zum Besten zu geben. Der rundliche Mann an der Orgel fühlte sich berufen, die katholische Kirche für »die jungen Menschen da draußen« attraktiv zu machen. Ich war dabei sein wichtigster Komplize.

Alfred, so hieß der Mann, hatte es nicht einfach. Er stritt ständig mit dem alteingesessenen Pfarrer, der niemandem außer dem

Papst traute. Die kirchentreuen Senioren waren die Verbündeten des Gemeindeoberhaupts, erst recht, als sich Alfred mit einem Mischling wie mir herumtrieb. Die Alten hielten mich wahrscheinlich insgeheim für einen Voodoo-Zauberer und wuschen sich deshalb nach jeder Begrüßung die Hände, weil sie fürchteten, meine Hautfarbe sei Ausdruck einer dreckigen Seele, die womöglich abfärbt.

Wenn sich Alfred den Schweiß, den ihm sein Engagement auf die Stirn trieb, mit einem bestickten Taschentuch abtupfte, hatte ich manchmal Mitleid mit ihm. Alfred war eigentlich eine Witzfigur. Witzfiguren, das lernte ich dank des ambitionierten Organisten, waren Menschen, die ihre Schwächen nach Kräften unterstrichen. Genau das tat Alfred. Sein schütterer Haarkranz wäre noch erträglich gewesen, doch er ließ ihn sich lang wachsen, um ihn als dünnen Zopf zusammenzubinden. Sein kackbrauner Wintermantel war nicht nur billig, sondern auch viel geschmackloser, als er selbst in dieser Preisklasse hätte sein dürfen. Statt Krawatten trug er Boloties, also Schnüre, die von einem Stück Blech zusammengehalten wurden. Seine starke Kurzsichtigkeit merzte er mit dicken, schwarz gerahmten Aschenbechern aus und die Plattfüße versenkte er in türkisfarbenen Lederstiefeletten. Alfred hatte eindeutig Talent dafür, alles noch schlimmer zu machen, aber das Allerschlimmste war sein S-Fehler. Alfred konnte es einfach nicht gut sein lassen und wollte trotzdem unbedingt Vorsänger werden. »Einmal die gefamte Gemeinde durch einen Pfalm führen«, das war sein großer Traum.

Er erfüllte ihn sich an einem verregneten Herbstsonntag im Jahr 1969. Die Gemeinde befand sich gerade in einem Zustand katholischer Trance, hervorgerufen durch eine hypnotische Predigt. Der Pfarrer hatte auf der Kanzel einen Streifzug durch Fegefeuer, Sündenpfuhle und christliche Treueschwüre unternommen. Alle warteten auf einen gemeinsamen Choral, in den sie ihre ganze Ehrfurcht vor Gott und Jesus und seinen irdischen Hirten legen konnten. Der Ball lag auf dem Elfmeterpunkt. Alfred trat an das

Pult, nahm das Psalmbuch zur Hand und holte tief Luft. Auf den Zehenspitzen stehend, mit erhobenem Kinn, schmetterte er los.

»Preifet den Herrn, denn er ift gut.«

Heiterkeit durchbrach die Stimmung der sakralen Feierlichkeit. Die Ministranten kicherten los, obwohl sie für solches Verhalten vom Pfarrer Kopfnüsse und Ohrfeigen bekamen. Die Messdiener rangen um Fassung. Selbst die Mundwinkel des Pfarrers zuckten. Die Gemeinde versuchte zu retten, was zu retten war, indem sie mit brüchiger Stimme wiederholte:

»Preiset den Herrn, denn er ist gut.«

Ich war ein Lichtblick in Alfreds Leben. Durch mich war sein Chor der einzige in der Gegend, der einen Farbigen und sein »Negerliedgut« beheimatete. Dank mir konnte er gegen die Popmessen der Protestanten bestehen. Sollten diese Abtrünnigen ruhig ungewaschene, bärtige Gitarren- und Tamburinspieler in ihre Jazz-Liturgie einbauen. Bei Alfred sang ein Schwarzer, ein Exot, jemand, der »den Rhythmus im Blut« hatte. Einer, der an der Quelle saß und das amerikanische Lebensgefühl nicht beschwor, sondern verkörperte.

Solchen Argumenten konnte sich selbst der erzkonservative Pfarrer nicht entziehen. Sollten sich der Jugendbeauftragte Alfred und seine progressiven Schäfchen ruhig im Chor austoben, wenn er dafür sonst nichts ändern musste. Alfred und ich wurden damit zu einer erfolgreichen Zweckgemeinschaft.

Als er bei jener Messe mit seinem S-Fehler die feierliche Stimmung zerstörte, rettete ich ihn. Mitten in das aufbrandende Gelächter sang ich gemeinsam mit dem Chor den neuesten Gospelhit »Oh Happy Day«, den ein gewisser Northern California State Youth Choir kurz zuvor herausgebracht hatte. Ich kannte ihn, weil mich die Verwandten meines Vaters regelmäßig mit Langspielplatten versorgten.

Es funktionierte, zumindest aus Alfreds Sicht. Während sich die traditionsbewussten Kirchengeher wieder einmal über die englische Sprache, den flotten Rhythmus und den langen Arm der amerikanischen »Negerkultur« aufregten, konnte sich Alfred zerknirscht zurückziehen. Der Chor hatte seine Demütigung auf wenige Sekunden beschränkt. Ich profitierte von Alfreds Blamage. Schließlich hatte ich gelernt, wie Witzfiguren ihr Publikum zum Johlen und Lachen brachten.

Fast drei Jahre sang ich im Kirchenchor. Drei Jahre, in denen sich alles in meinem Leben um Musik drehte. Ich hasste die Schule, weil ich trotz des neuen leichten Hauches von Toleranz ein Mischling und Halbwaise in einer bürgerlichen Schule am Stadtrand von Heidelberg blieb. Statt offenen Hasses wie in der Militärbasis schlug mir nun unterdrückte Skepsis entgegen. Jeder hielt es für politisch korrekt, ein paar Worte mit mir zu wechseln, in Kursen auch einmal neben mir Platz zu nehmen oder mich zu einer Party einzuladen, doch ich blieb eine Randfigur.

Die Mädchen hätten sich schon für mich interessiert, scheuten jedoch den Konflikt mit ihren Eltern. Die Mamas und Papas mochten tolerant sein, doch bei ihren eigenen Töchtern hörte sich der Spaß auf. Den Jungs blieben die Schwärmereien der weiblichen Cliquen natürlich nicht verborgen, was sie, wenn auch nur unterschwellig, gegen mich aufbrachte. Ich lebte und litt im Zeitalter der subtilen Untertöne. Im Fernsehen gab es offene Revolte, aber im Alltag Kompromisse. Liberale bremsten sich ein, um die ältere Generation nicht zu verstören, Konservative machten kleine Zugeständnisse, um das große Ganze zu bewahren, alte Nazis hielten sich zurück, um auf ihre nächste Chance zu warten, Hippies gingen arbeiten, weil Luft und Liebe nicht reichten. Ich nahm mir vor, mein Geld irgendwann einmal mit der ungeschminkten Wahrheit zu verdienen.

Meine Familie gab mir wenig Rückhalt. Meine Mutter schwieg weiter und machte mich so zu einem gefühlten Vollwaisen. Meine deutschen Großeltern wollten nur wenig Kontakt. Sie hatten schon immer geahnt, wohin eine Ehe mit einem Neger führen würde und wollten nicht durch ihre Tochter und ihren Enkelsohn an die Schmach der unstandesgemäßen Familienverhältnisse erinnert werden. Die amerikanischen Verwandten waren auch nur für ein paar Briefe und Pakete gut. Sie lebten nun einmal in Amerika, jenseits des »großen Teiches«.

Im Kirchenchor war alles besser. Im Zusammenhang mit Musik gab mir meine Herkunft so etwas wie Macht. Ich war es, der den Zugang zu einer größeren, freieren, aufregenderen Welt hatte. Hier gehörte ich dazu. Ich sorgte dafür, dass wir besser wurden und allmählich auffielen. 1972, ich hatte gerade meinen achtzehnten Geburtstag und mein bestandenes Abitur gefeiert, machte sich der Chor auf den Weg zu einem Gesangswettbewerb, der alles verändern sollte. Wir siegten.

In der Stunde des Triumphes tranken selbst Kirchenchöre Alkohol. In unserem Fall waren es Ribiselwein und Lumumba. Alle dachten, die hübsche Sopranistin Marlene und ich würden uns bei dieser Reise näherkommen. Sie hatte ein Auge auf mich geworfen und mich die ganze Reise über immer wieder beiläufig berührt. Sie sah nahezu makellos aus. Ihre Haut war rein, hell und voller Sommersprossen. Ihre rötlichen Haare band sie stets zu einem dicken Zopf zusammen. An Marlenes Körperbau gab es rein gar nichts auszusetzen. Ihre Taille war schmal, ihre Brüste und ihr Hintern waren wohlgeformt und straff.

Wenn sie mir nahekam, konzentrierte ich mich auf ihren Geruch. Ich fühlte mich nicht zu ihr hingezogen, doch ich hatte gehört, dass Rothaarige unanständig rochen, was immer das bedeuten mochte. Also schnüffelte ich, als sie im Siegesrausch ihren Kopf an meine Schulter legte, damit sich mir ihr Charme vielleicht doch noch erschließen würde. Ich roch nichts Bemerkenswertes. Sie legte ihre Hand auf mein Knie. Peinlich berührt ließ ich meinen Blick durch den Raum schweifen. Er fiel auf Alfred, der Marlene und mich mit versteinerter Miene von einer Ecke aus fixierte. Ich riss mich von Alfreds Anblick los und sah Marlene in die Augen.

»Toll hast du heute gesungen«, sagte sie zu mir.

»Du aber auch.«

»Woher kennst du so viele amerikanische Gospels?«

»Ich habe einen Onkel in Amerika. Er schickt mir immer die neuesten LPs.«

Marlene kannte die Geschichte natürlich schon, aber so fanden wir in ein Gespräch. Ich atmete tief durch die Nase ein. Nichts. Ich bückte mich und fingerte an meinen Schuhbändern herum, um Marlenes tiefere Regionen beschnüffeln zu können. Wieder nichts. Ich setzte mich auf und roch an Marlenes Haaren, die sie diesmal offen trug. Anstatt von dieser plumpen Annäherung überrumpelt zu sein, wertete Marlene meine Schnüffelattacke als Akt der Vertraulichkeit.

»Ich frage mich, wie es ist, ohne Vater aufzuwachsen«, sagte sie.

Oh mein Gott, jetzt wird es tiefsinnig, dachte ich.

»Manchmal ist es schwierig.«

»Du hast nie erzählt, woran dein Vater gestorben ist.«

»Er starb an seinem Familiensinn.« Diese Antwort kam mir unglaublich verwegen vor und passte wohl auch zu dem, was an Gerüchten herumschwirrte. Marlene sah mich ergriffen an und strich mir über die Wange. Auch ihre Hände rochen nach nichts Besonderem.

Ich hielt nach Alfred Ausschau. Er stand noch immer in seiner Ecke und stierte uns an. Hatte er nichts Besseres zu tun? Als ob er meine Gedanken gelesen hätte, senkte er seinen Blick. Er tat mir leid, aber ich konnte mich jetzt nicht um ihn kümmern. Ich befand mich auf einer Forschungsmission, die mir wichtig für mein weiteres Leben erschien. Kurz begegneten sich unsere Blicke, dann sah ich weg. Marlenes helle Stimme riss mich aus meinen Gedanken.

»Joseph? Joseph! Woran denkst du gerade?«

»Ich denke, dass du gut riechst«, sagte ich.

Marlene kicherte.

»Ich denke, dass Rot eine wunderbare Farbe ist«, sagte ich.

Marlene öffnete die Lippen und schob ihre Zungenspitze vor ihre weißen Schneidezähne. Dabei griff sie nach meinen Ohren, als wäre ich ein liebesbedürftiger Cockerspaniel. Knapp bevor sich unsere Lippen berührten, holte ich tief durch die Nase Luft. Marlene gehörte zu jenen Menschen, die selbst nach einem anstrengenden Tag und mehreren alkoholischen Getränken noch gut aus dem Mund rochen. Das war mir recht, aber zu wenig.

Wir küssten uns. Sie schmeckte nun doch ein wenig nach Cola-Rum, Zigaretten und Mundwasser. Marlene setzte sich auf meinen Schoß, fuhr mir durch die Haare und presste ihren Busen an meinen Oberkörper.

Ich spürte alles, aber fühlte nichts.

Marlene seufzte. Ich stöhnte genervt, was sie offenbar als Lustbekundung interpretierte. Obwohl wir uns in einem Raum mit einem Haufen erzkatholischer Sänger und unserem Chorleiter befanden, bewegte sie jetzt ihren Schoß rhythmisch vor und zurück.

»Marlene«, sagte ich, um sie zu bremsen.

»Joseph«, erwiderte sie und wurde noch wilder.

Ich umfasste ihre Taille, hob sie hoch und setzte sie neben mich auf die Couch. Offenbar konnte ich im Moment nichts falsch machen. Statt sich abgewiesen zu fühlen, dachte sie offenbar, ich würde nun die Initiative übernehmen. Immerhin konnte ich meine Nachforschungen fortsetzen. Wo war er bloß, der Geruch, der einen Mann zur Raserei brachte?

»Gehen wir ins Hotel«, sagte ich.

»Bist du sicher?«, fragte sie, auf einmal ganz schüchtern.

Als Marlene nackt auf meiner Matratze lag, musterte ich sie von Kopf bis Fuß. Ich hatte noch nie etwas mit einer Frau gehabt. Meistens war ich im letzten Moment geflüchtet oder ich hatte die Sache auf irgendeine andere Art und Weise sabotiert. Ich rief mir zwei Oswalt-Kolle-Filme in Erinnerung, die ich als Sechzehnjähriger in einem verrufenen Mannheimer Kino gesehen hatte. Ich war damals extra mit dem Zug hingereist, um ja nicht in Heidelberg beim Konsum eines Aufklärungsfilms erwischt zu werden. Meine Mutter sah mich ohnehin schon in der Hölle schmoren. Nicht auszudenken, wenn ihr jemand die Sache mit den Oswalt-Kolle-Streifen gesteckt hätte.

Ich kaufte mir ein Doppelticket für »Das Wunder der Liebe II« und »Deine Frau, das unbekannte Wesen«. Während sich ein paar Typen in der Reihe vor mir einen runterholten, schloss ich immer wieder die Augen, weil mir das alles fremd und falsch vorkam. Immerhin erinnerte ich mich an genügend Details, um jetzt, wo die nackte Marlene vor mir lag, nicht ganz ratlos zu sein.

Mechanisch küsste ich ihr Gesicht. Als Kind hatte ich manchmal mit dem Beautycase meiner Mutter gespielt, und sie hatte nicht einmal etwas dagegen gehabt. »Das Parfüm kommt immer auf die Halsschlagader und die Handgelenke«, hatte sie mir einmal erklärt. »Dort pulsiert das Blut und mit jedem Herzschlag verlässt dich eine kleine Duftwolke.«

Ich küsste ihren Hals und roch daran, ohne dass mich etwas verrückt gemacht hätte. Ich schloss die Augen und glitt weiter nach unten. Ich leckte ihre Haut ab, bearbeitete ihre rostbraunen Brustwarzen, vergrub mich in ihren Achseln. Sie wimmerte und stöhnte und provozierte mich mit ihrer Wollust, doch ich konnte sie nicht nachempfinden. Als ich bei ihrer Scham ankam, sprang ich auf, schlüpfte in meine Klamotten und rannte davon.

»Joseph, Joseph!«, rief sie mir nach. Verzweiflung klang aus ihrer Stimme.

Ich wollte nicht in mein Zimmer flüchten, das nur einen Stock tiefer lag. Ich dachte eher an den Männerwaschraum. Nach so viel flauschiger Pseudoerotik fand ich sterile Fliesen und weiße Badezimmerflächen angenehm. Möglichst geruchsneutral und kalt. Frei von Emotion und Geborgenheit.

Als ich den Waschraum betrat, atmete ich erleichtert auf. Die Wände waren weiß gekalkt. Von Augenhöhe abwärts schützten weiße Fliesen die Wand vor Feuchtigkeit. Das Beste waren die Waschbecken. Sauber polierter Nirosta mit wuchtigen Armaturen. Ich steuerte eine Klokabine an, um mich für ein paar Minuten, vielleicht auch für ein paar Stunden oder ein paar Tage, zurückzuziehen. Auch hier setzte sich das minimalistische Paradies fort. Eine schnörkellose Schüssel, ein viereckiger Spülkasten, ein metallener

Klorollenhalter. Alles mit offensichtlicher Pedanterie gepflegt. Ich wollte mich erschöpft auf die Klomuschel setzen, als ich draußen ein Geräusch hörte. Dieser Typ war offenbar auch gekommen, um sich zu sammeln. Er betrat keine Kabine und ich hörte kein Wasser laufen. Als er draußen auf und ab ging, erkannte ich im Spalt unter der Tür seine Schuhe.

»Alfred«, sagte ich. »Was tust du da draußen?«

»Ich denke nach.«

Er schien überhaupt nicht überrascht zu sein, dass er meine vertraute Stimme hörte.

»Ich auch«, sagte ich. »Worüber denkst du nach?«

»Warum mich Dinge berühren, die mir eigentlich egal sein sollten.«

»Bei mir ist es genau umgekehrt. Ich frage mich, warum mir Dinge egal sind, die mich eigentlich berühren sollten.«

»Wie ist es mit Marlene gelaufen?«, fragte Alfred.

»Nicht so gut. Genau darüber denke ich ja nach.«

»Ihr habt sehr harmonisch gewirkt.« Alfred lachte gequält. »Joseph, darf ich dir eine Frage stellen?«

»Natürlich.«

»Wie ist es, ohne Vater aufzuwachsen?«

»Du bist heute schon der Zweite, der mich das fragt. Warum interessiert das alle so?«

»Vielleicht, weil die Menschen etwas in dir sehen, das sie sich nicht erklären können.«

»Was hat das mit meinem Vater zu tun?«

»Er ist ein Teil deines Lebens, der für immer im Dunkeln bleiben wird. Deshalb ist er die perfekte Erklärung für alles Geheimnisvolle an dir.«

Mir wurde heiß. Wusste Alfred etwas von den wahren Ereignissen rund um den Tod meines Vaters? Aber woher? Und warum wollte er in einer Toilette darüber reden?

»Wie meinst du das?«, fragte ich.

»Dein Vater ist tot. Wer ihn nicht gekannt hat, wird ihn auch in Zukunft niemals kennenlernen. Deshalb lässt sich in ihn alles Mögliche hineinprojizieren.«

Ich atmete auf.

»Alfred?«

»Ja?«

»Wo ist dein Sprachfehler geblieben?«

»Ich habe keinen Sprachfehler.«

»Willst du mich verarschen?«

»Ganz und gar nicht. Ich weihe dich nur in mein kleines Geheimnis ein.«

»Warum legst du dir einen künstlichen Sprachfehler zu?«

»Es macht mich einzigartig. Ich werde wahrgenommen.«

»Ist das nicht ein etwas hoher Preis?«

»In meinem Fall fast geschenkt.«

Ich hätte nie gedacht, dass Selbsterniedrigung auch eine Masche sein konnte.

»Hast du nie über andere Möglichkeiten nachgedacht, wahrgenommen zu werden?«

»Nein, denn ich bin nicht wie du.«

»Zwischen dir und mir liegen sehr viele Schattierungen.«

»Schon, aber ich wähle immer den Weg des geringsten Widerstandes. Lächerlich zu sein strengt mich am wenigsten an.«

»Macht es dich nicht unglücklich, wenn sich Menschen über dich lustig machen?«

»Warum sollte es mich unglücklich machen? Keine Emotion ist so befreiend wie Lachen.«

»Es kann auch befreiend sein, jemandem ins Gesicht zu schlagen, trotzdem möchte ich nicht permanent verprügelt werden«, sagte ich.

Alfred dachte nach. Anscheinend verletzte ihn mein Argument. Das tat mir leid, denn ich mochte diesen komischen Vogel.

»Was meinst du damit, dass du nicht wie ich bist?«, fragte ich.

»Joseph junior, du bist jung, talentiert, siehst gut aus und hast eine spannende Herkunft. Die Leute sind dir gerne nahe, weil sie Geheimnisse lieben. Dich umgibt irgendein Geheimnis.«

Er weiß nichts, aber vielleicht ahnt er etwas, dachte ich.

»Du hast ein Stück der großen, weiten Welt in unseren Chor gebracht«, fuhr Alfred fort. »Du hast die Menschen davon überzeugt, dass es mehr als »Ave Maria« gibt. Deinetwegen haben wir sogar einen Gesangswettbewerb gewonnen.«

Ich fand das alles reichlich schräg. Vom Bett einer lüsternen Rothaarigen, die mich fast zum Kotzen gebracht hatte, direkt in die Männertoilette einer schmucklosen Herberge, wo mich ein Chorleiter mit falschem Sprachfehler in ein tiefsinniges Gespräch verwickelte. Was machte dieser Kerl überhaupt hier? Weshalb rannte er vor einer Klokabine auf und ab, wenn gleichzeitig die rauschende Siegesfeier seines ach so geliebten Chors stattfand?

»Du hast mir noch immer nicht gesagt, warum du hier bist.«

»Ich musste mich erholen.«

»Wovon?« Ich hätte ihm gerne in die Augen gesehen. Er befand sich offenbar in Beichtlaune. Vielleicht spielte dabei Alkohol eine Rolle. Wenn Alfred den Sprachfehler vorgetäuscht hatte, pulverisierten sich in der Stunde des Geständnisses vielleicht auch andere Peinlichkeiten. Nichts war mehr in Stein gemeißelt. Ich stellte mir vor, wie Alfred sein Freak-Kostüm ablegte und darunter ein passabel aussehender Kerl zum Vorschein kam. »Nun sag schon. Wovon musstest du dich erholen?«

»Von deinem Anblick, Joseph.«

»Was war daran so anstrengend?«

»Dass du dich Marlene auf diese Weise hingegeben hast, war für mich schockierend.«

Noch bevor ich die Tragweite seiner Antwort erfassen konnte, verbiss ich mich in eine Nebensächlichkeit.

»Woher willst du wissen, auf welche Weise ich mich ihr hingegeben habe?«

»Ihr habt euch geküsst und herumgefummelt.«

»Wir sind sogar im Bett gelandet.«

»Warum erzählst du mir das?«

»Weil du wissen sollst, dass ich nur auf der Suche nach ihrem Geruch war.«

Alfred seufzte. Verwundert wirkte er nicht. Offenbar war es für ihn normal, dass Menschen nach eigenartigen Dingen suchten.

»Hast du ihn gefunden?«, fragte er nur.

»Nicht so, wie ich es mir gedacht hatte. Warum interessiert dich das? Es kann dir egal sein, wen ich küsse und mit wem ich Sex habe.«

»Wenn du wüsstest.«

Bevor ich reagieren konnte, stellte mir Alfred eine seltsame Frage.

»Joseph, kann es sein, dass du das Gegenteil von dem suchst, was alle von dir erwarten?«

Ich war verwirrt. Offenbar wollten mich heute alle aus der Reserve locken. Blöderweise fehlte mir die Kraft, um Widerstand zu leisten.

»Was erwarten alle von mir?«

»Du bist Joseph, ein hübscher Junge, der einen schweren Verlust zu verkraften hat, und gleichzeitig eine verbotene Frucht. Alle erwarten, dass du Trost bei Frauen suchst. Die Mädchen mögen das. Sie warten darauf, dass du sie verführst. Gleichzeitig erwarten die Menschen, dass alles in deinem Leben schiefgehen wird. Du bist zu zerrissen, zu sehr außerhalb der Ordnung.«

Eine Pause entstand, dann lugte Alfred von der Kabine links von mir über die Trennwand. Er stand offenbar auf der Klomuschel. Was nun kam, wollte er mir anscheinend ins Gesicht sagen.

»Joseph?«

»Ja?«

»Ich dachte immer, dass du sie alle eines Besseren belehren wirst«, sagte er. »Aber als ich dich heute mit Marlene gesehen habe, hatte ich für einen Augenblick Angst, dass sie recht haben könnten.«

Mein Chorleiter, der jetzt auch noch den Heidelberger Provinzphilosophen spielte, machte mich wütend. Ich trat aus meiner Kabine und pochte an seine Tür.

»Komm heraus«, sagte ich.

Ich hörte ihn von der Muschel steigen. Als er zu mir trat, erkannte ich an seinem flackernden Blick, dass er zwischen freudiger Erwartung und undefinierbarer Angst schwankte. Ich ersparte ihm unnötige Diskussionen und öffnete seine unförmige Hose. Dank ihres viel zu weiten Schnitts sank sie sofort zu seinen Knöcheln. Ich zog seine ebenso unförmige Feinrippunterhose herunter, bis sie in seinen käsigen Kniekehlen hing. Dann kniete ich mich vor ihm hin.

Als ich mit ihm fertig war, fuhr ich ihn an.

»War es das, was du wolltest?« Am liebsten hätte ich ihm sein seliges Gesicht zu Brei geschlagen. Alfreds Atemlosigkeit widerte mich an.

»Ja«, sagte er.

»Ich habe eine gute Nachricht für dich.«

Alfred sah mich erwartungsvoll an.

»Als Witzfigur bist du auch diesmal nicht aus der Rolle gefallen.«

Ich verließ die Toilette, das Hotel, den Kirchenchor, Heidelberg, meine Mutter und alles andere, was mein Leben bis dahin ausgemacht hatte.

RUNDE ZWEI

Der Nervenkrieg rund um Karstens vermeintliche Favoritenrolle und Lucys verpatzten Auftritt hatte uns für die Vergänglichkeit unseres Traumes sensibilisiert. Wir mussten uns anstrengen. Ein bisschen zu viel Selbstsicherheit, einige unbedachte Worte vor der Kamera, ein gnadenloses Juryurteil und schon konnte alles vorbei sein. Die Fernsehleute waren Scharfrichter und Ankläger in einem und das Publikum exekutierte das Urteil.

»Ich muss mit dir reden«, sagte ich zu Lucy am Tag nach der Show. »Wir sollten uns rasch entscheiden. Als ich dich auf der Bühne gesehen und JJ reden gehört habe, hat mich die nackte Angst gepackt.«

»Die Angst wovor?«

»Davor, dass ich das alles hier allein durchstehen muss.«

»Das ist ja süß.«

»Was denkst du? Wollen wir ein Paar sein?«, fragte ich.

»Ich bin noch nicht sicher.«

»Worauf wartest du? Ich bin verrückt nach dir. Ich denke, das ist unsere große Chance. Beruflich und privat. Die dürfen wir nicht verschenken.«

Lucy sah mich skeptisch an.

»Du bist verrückt nach mir?«

»Ja.«

»Du kennst mich doch gar nicht. Vielleicht bist du nur in den Gedanken verliebt, in mich verliebt zu sein. Weil dann alles so einfach wäre.«

Lucys klare Analysen, dieses systematische Abtasten, ihre Stirnfalten, wenn sie angestrengt nachdachte, all das machte mich noch sicherer.

»Machen wir ein Experiment«, sagte sie.

In einem Taxi fuhren wir zu Lucys Wohnung. Anders als ich hatte sie auf das Hotelzimmer verzichtet. Bereits am Haustor lehnte ich sie in die Ecke, um sie zu küssen. Sie ließ es mit sich geschehen. Ich schob ihren Rock hoch und drängte mich zwischen ihre Beine. Lucy schlang eines davon um meine Taille und lehnte sich mit vollem Gewicht gegen die Wand, wobei sie die Gegensprechanlage übersah und rund zwanzig Knöpfe gleichzeitig drückte. Innerhalb kürzester Zeit meldeten sich mehrere Hausbewohner mit einem genervten »Hallo«.

»Wer ist da?«, brüllte ein Mann, als ich Lucy weiter gegen die Klingelknöpfe drückte.

Endlich betätigte jemand den Türöffner. Ich zog Lucy ins Haus. Ein paar Stockwerke über uns flog eine Tür auf und das Flurlicht ging an. Gefahr in Verzug. Lucy steuerte eine Tür an, die sich als Eingang zur Waschküche herausstellte. Hinter uns schloss sie ab und ließ den Schlüssel stecken. Unaufgefordert zog sie ihr T-Shirt aus. Sie trug keinen BH, was mich wunderte, weil ihre Brüste etwas verloren an ihrem dünnen Oberkörper hingen. Ich zog ihr Rock und Unterhose aus.

Sie unterstützte mich mit winzig kleinen Bewegungen. Ein Handgriff hier, ein gehobener Fuß da. Sonst überließ sie alles mir. War sie schüchtern? Zögerlich? Hingebungsvoll? Ich wusste es nicht.

Fasziniert betrachtete ich den eigenartigen Körper, den ich freigelegt hatte. Alles bis auf ihre Brüste und ihren Hintern war unglaublich dünn. Wenn ich ihr über den Rücken strich, fühlte ich ihre Rippen und ihre Wirbel. Am meisten fesselten mich aber ihre langen O-Beine. Erst als ich mich an sie presste, merkte ich, dass ich noch kein einziges Kleidungsstück abgelegt hatte. Ich zog meine Schuhe und die Socken aus. Dann die Hose und schließlich das Polo. Als ich bei meinen Boxershorts angelangt war, schob sie mich weg.

»Ich habe kein Kondom dabei«, sagte sie.

»Ich auch nicht.«

Ich hätte es auch ohne getan, doch hier war offenbar nichts zu machen. Ich schlug Alternativen vor.

»Du könntest mir einen blasen.«

Sie schien ernsthaft darüber nachzudenken.

»Vielleicht ein andermal«, sagte sie schließlich. »So soll es nicht beginnen.« Sie zog sich in Windeseile an und holte die Visitenkarte der Reporterin aus der Tasche. »Soll ich sie gleich anrufen?« Ich schaute wohl etwas verdattert drein, denn sie herrschte mich an. »Glotz nicht so blöd! Wir sind doch von jetzt an zusammen, oder?«

»Natürlich.«

»Sehr gut, dann rufe ich jetzt die Reporterin an.« Sie wählte die Nummer und legte ihre freie Hand auf meine Wange. Kein stereotypes Streicheln, auch kein sanfter Druck. Es fühlte sich kalt und trotzdem unglaublich schön an. »Hi, hier spricht Lucy«, sagte sie. »Ja, mir geht es gut. Ich lass mich von JJ sicher nicht unterkriegen. Weshalb ich anrufe, wir haben eine Entscheidung getroffen. Noel und ich, wir sind dabei.«

Kurz darauf stand ich im Freien. Lucy wollte »noch ein letztes Mal so richtig allein sein«, wie sie es nannte. Sie wollte sich in ihre Wohnung zurückziehen und einsamen Abschied von Unschuld, ihrem Singleleben und ihrer Anonymität nehmen.

Am Weg von Lucys Wohnhaus zurück in den Sender kaufte ich mir eine Tageszeitung. Das Leben bei YOU ARE A STAR glich einer Kasernierung. Wir wussten, dass wir uns in einem Strudel von Ereignissen befanden, konnten aber nicht abschätzen, inwieweit die Außenwelt wirklich an diesen Ereignissen Anteil nahm. Zwei Seiten widmeten die Medienspalten des Blattes der ersten Show.

»Vom Fixstern zum verglühten Meteoriten: Karsten unsanft auf dem Boden der Realität gelandet«, lautete die Überschrift. Der Autor des Artikels ließ sich nicht nur über Karstens Scheitern, sondern auch über JJs angebliche Vorliebe für mich, Noel Herzig, aus. »Man könnte meinen, Noel hätte den wilden Joseph Jones gezähmt«, schrieb er. »In einer Armada von Beschimpfungen und Untergriffigkeiten konnte nur der 28-Jährige für versöhnliche

Töne sorgen. Mehr noch: Bei Noel Herzig redete sich JJ in einen wahren Lobesrausch, als hätten die beiden eine besondere Lehrer-Schüler-Beziehung.«

Die Art, wie der Journalist mein Verhältnis zu JJ umschrieb, bereitete mir Unbehagen. Die »besondere Lehrer-Schüler-Beziehung« sah ich nicht. Ich hatte eine gute Leistung gebracht und das honorierte JJ als ehrlicher Mensch eben. Da gab es nichts zu deuten.

Im Sender stand ein Shooting für einen YOU-ARE-A-STAR-Kalender auf dem Programm. Ein Bademodenhersteller sponserte den Merchandisingartikel und erwartete eine entsprechende Kostümierung. Männer in Badehosen und Frauen in Bikinis, so lautete der Dresscode. Als ich das provisorische Fotostudio im Sender betrat, herrschte bereits helle Aufregung. Moana und JJ lieferten sich ein hitziges Wortgefecht.

»JJ, ich kann nicht so wie die anderen herumlaufen, das ist vollkommen unmöglich.«

»Kannst du mir das genauer erklären?«

»Ihr wollt, dass wir Bikinis vor der Kamera tragen. Manche sind sogar mit String. Das kommt für mich nicht infrage.«

»Komm mir jetzt bloß nicht mit so einer Religionsscheiße. Wir sind eine Familie. Uns interessiert nicht, ob du Christin, Muslimin, Jüdin, Buddhistin, Mormonin, Zeugin Jehovas, Hindu oder sonst was bist. Das hat unglaublich viele Vorteile. Und auch ein paar Nachteile. Zum Beispiel, dass wir auf religiöse Gefühle garantiert keine Rücksicht nehmen. Wir glauben nur an die Macht des Entertainments. Unsere Heiligen heißen Elvis, John, Paul, George und Ringo, Madonna, Marilyn und Blondie. Keiner von denen hat je einen Gedanken daran verschwendet, wie irgendein Gott über Fetzen und den darunterliegenden Körper denken könnte. Im Pop gibt es nur ein Dogma, das heißt Erfolg mit allen Mitteln. Hast du verstanden?«

Moana weinte bitterlich.

»So leicht ist das nicht. Glaub mir bitte, ich kann keinen Bikini tragen.«

Drei Kameras dokumentierten das Spektakel.

»Gebt ihr erst ein Taschentuch, wenn wir die Szene komplett im Kasten haben. Die Tränen sind geil«, befahl die Reporterin.

Moana musste also vorläufig mit Rotz und Wasser klarkommen.

JJ ließ sich nicht erweichen.

»Wir sind hier eine Castingshow und keine Anstalt für psychisch labile Möchtegernstars«, sagte er. »Also reiß dich zusammen.«

Moana schluchzte dermaßen, dass sie nicht mehr antworten konnte.

Die Reporterin gab JJ ein unauffälliges Zeichen. Er brachte die Szene zu einem Ende.

»Weißt du was, leck mich am Arsch. Mach einfach, was du willst. Verschwinde aus dem Studio und heul dich ordentlich aus. Dann bist du halt nicht im YOU-ARE-A-STAR-Bademodenkalender. Du wirst schon sehen, wohin das führt.«

Zu unserer aller Überraschung lenkte Moana nicht ein, sondern stürmte tatsächlich aus dem Raum. Vorher bekam sie noch ein Taschentuch von der Reporterin. Es handelte sich wieder mal um dieselbe Mitarbeiterin, die auch die Liebesgeschichte zwischen mir und Lucy eingefädelt hatte. Offenbar war sie die Frau fürs Grobe.

Die Reporterin ging, gefolgt von ihrem Team, zu Lisa und Beth. Die beiden gehörten ebenfalls zu den Top Ten und bildeten ein Beste-Freundinnen-Tandem, das sich auf Lästern spezialisiert hatte.

»Was für eine islamische Zicke«, schimpfte Lisa. Dabei warf sie ihre brünetten Haare mit einer theatralischen Pose nach hinten und zeigte den Mittelfinger in die Kamera. Ihre künstlichen Fingernägel wirkten wie gefährliche Krallen.

»Das kannst du laut sagen. Wenn ihr so was nicht passt, hätte sie besser an einer arabischen Castingshow teilgenommen«, sagte Beth.

Beth wusste, wovon sie sprach, denn ihre Eltern kamen aus Vietnam. Weil die Deutschen ihren echten Namen Thu Cúc nie aussprechen konnten, nannte sie sich einfach Beth. Sie wusste, was popkulturelle Assimilation bedeutete.

»Vielleicht hat Moana ja fette Schenkel«, sagte Lisa.

»Oder Cellulitis am Arsch«, sagte Beth.

Die beiden kicherten, bis der Fotograf zur Arbeit rief.

Lucy kam nach. Sie war erst später zum Fotografieren eingeteilt und hatte die Ereignisse um Moanas Bikini-Eklat verpasst. Am liebsten hätte ich sie zur Begrüßung geküsst, doch so weit waren wir noch nicht. Wir mussten die Details unseres Liebesoutings erst mit den Sendungsverantwortlichen absprechen. Um mich von meinem Bedürfnis nach Nähe abzulenken, erzählte ich Lucy von den Vorkommnissen.

»JJ ist ein Arsch«, sagte sie.

»Ich finde, er hat recht. Wir müssen alle über uns hinauswachsen. Auch Moana.«

»Rede nicht so blöd daher. Manche Menschen haben Komplexe, die sie nicht so einfach über Bord werfen können. Wir sind hier bei einer Castingshow und nicht in einem Boot Camp.«

Obwohl mir Lucy widersprach, konnte ich nicht anders, als sie zu bewundern. Ihr gelang es scheinbar problemlos, Karrierekalkül mit einem kritischen Geist zu verbinden. Ich hielt dennoch dagegen. Dass Lucy mein professionelles Vorbild JJ infrage stellte, konnte ich nicht so einfach hinnehmen. Immerhin stellte sie damit auch mich und meine Ziele infrage.

»Da machst du es dir ein bisschen einfach«, sagte ich. »Jeder hat gewusst, worauf er sich hier einlässt. Schließlich ist das nicht die erste Staffel von YOU ARE A STAR.«

»Theoretisch hast du recht. In Wirklichkeit ist es ein bisschen komplizierter. Du weißt erst, worauf du dich einlässt, wenn du mittendrin bist. Das ist immer so. Auch bei Beziehungen. Theoretisch weißt du, dass ich dich betrügen und unglücklich machen kann. Dass du damit nicht klarkommst, wird dir trotzdem erst richtig bewusst, wenn es so weit ist.«

Ich sah sie unsicher an.

»Jetzt schau nicht so.« Sie streichelte mir kumpelhaft über den rechten Oberarm. »Es war nur ein Beispiel.«

Ich lachte gequält.

»Trotzdem musst du auch JJ verstehen«, sagte ich. »Er steht unter ungeheurem Druck. Wenn wir nicht funktionieren, fällt das auch auf ihn zurück. Vielleicht vergreift er sich manchmal im Ton, aber er meint es gut.«

»Dann stimmt es also, was in der Zeitung steht«, sagte eine helle Knabenstimme hinter mir. Sie gehörte Arne, unserem sechzehnjährigen YOU-ARE-A-STAR-Küken, das normalerweise keinen Ton herausbrachte.

Lucy und ich sahen ihn verwundert an.

»Was meinst du damit?«, fragte ich ihn.

»Ein Journalist hat geschrieben, dass du und JJ eine besondere Lehrer-Schüler-Beziehung hättet. Offenbar stimmt das.«

»Woraus schließt du das?«

»Du verteidigst ihn. Dabei war es eine Schweinerei, wie er gerade mit Moana umgegangen ist.«

Dass dieser junge Kerl den Mut besaß, mich blöd anzuquatschen, machte mich einigermaßen perplex.

»Kümmere dich um deine eigenen Angelegenheiten«, sagte ich.

»YOU ARE A STAR ist unser aller Angelegenheit. Deshalb kümmere ich mich um dich, um mich, um JJ, um Moana ...«

Erst jetzt fielen mir Arnes verschlagene Gesichtszüge auf. Auf den ersten Blick wirkte er wie ein harmloser Gymnasiast, wie eine reale Ausgabe von Charlie Brown. Aber hinter der Milchbubenfassade steckte ein ausgefuchster Kerl.

»Das mit der Lehrer-Schüler-Beziehung ist Unsinn. Vergiss das gleich wieder«, sagte ich.

»Wie du meinst«, sagte Arne mit glockenheller Stimme. »Wenn du ein Stern bist, der lieber in JJs Arsch scheint ... meinetwegen.« Er drehte sich wortlos um und ging in das Fotostudio, um seinen pickeligen Teeniekörper in Bademode zu präsentieren. Während ich, rot vor Wut, die richtigen Worte suchte, um ihm hinterherzuschimpfen, streifte mein Blick Lucys Gesicht. Sie sah mich irritiert an.

»Was war das gerade?«, fragte sie. »Was faselt dieser Junge von einer besonderen Lehrer-Schüler-Beziehung?«

»Ach, das stand nur in so einem bescheuerten Artikel einer Tageszeitung. Lass uns jetzt zum Shooting gehen.«

»Ich finde es gut, dass du für die Karriere dein Ego hintanstellst«, sagte Lucy. »Aber übertreibe es nicht. Sonst verlierst du dich.« Sie nahm unvorsichtigerweise meine Hand und führte mich ins Studio.

Am nächsten Tag überraschte uns JJ mit einer unerwarteten Botschaft.

»Mesut ist ausgestiegen. Er ist noch in der Nacht abgereist und möchte nichts mehr mit YOU ARE A STAR zu tun haben.«

»Hat er auch einen Grund genannt?«, fragte die sensationsgierige Lisa. Die falschen Wimpern auf ihren stark geschminkten Lidern wippten unschuldig auf und ab.

»Er hatte etwas gegen unseren Umgang mit Privatsphäre. So in die Richtung.«

»Wer uns das wohl eingebrockt hat«, lästerte Lisa mit einem verstohlenen Blick auf Moana. Doch Moana, die diese Anspielung sicher gehört hatte, schwieg. Ihre Miene war wie versteinert.

»Wer rückt statt Mesut nach?«, wollte ich wissen. Insgeheim fürchtete ich eine Rückkehr von Exfavorit Karsten.

JJs Antwort beruhigte mich.

»Niemand. Wir machen einfach weiter. Im Finale stehen dann einfach zwei statt drei Kandidaten.«

Die zweite Runde von YOU ARE A STAR begann mit der Verkündigung von Mesuts Abschied und einem weiteren Höhepunkt. Immer wieder hatte ich gerätselt, was aus dem zahnlosen Marcel geworden war. Ich hielt es für möglich, dass er sich nach der Ausstrahlung seines Leider-Nein-Kandidaten-Porträts einfach umgebracht hatte. Schon damals, in der »Hall of Fame«, hatte ich das Ausmaß der Erniedrigung erahnt. Doch der tatsächliche

Beitrag sprengte meine Erwartung bei Weitem. Umso überraschter war ich, als Marcels zahnloses Gesicht jetzt in einem Zuspieler auf dem großen Bildschirm im Studio auftauchte. Er wirkte quickfidel.

»Hi, ich bin Marcel, ihr kennt mich aus dem Casting von YOU ARE A STAR«, dröhnte es aus den Boxen. Marcels Anblick sorgte für Gelächter im Studio. Er hatte wieder sein ärmelloses T-Shirt an. »Tja, mit meiner Karriere bei YOU ARE A STAR hat es nicht geklappt. Dennoch hat sich mein Leben radikal verändert.« Er machte eine kurze Pause. »Ich habe jetzt zwei Manager.«

Die Ausgelassenheit im Zuschauerraum kannte keine Grenzen mehr. Das Publikum johlte und jubelte und hielt sich die Bäuche vor Lachen. Die beiden Manager traten in Erscheinung. Beide waren braun gebrannt, beide trugen Schnauzbärte und weinrote Sakkos. Sie stellten sich als die Brüder Kopelsky von der Künstleragentur Kopelsky und Kopelsky vor.

»Marcel ist unser neuester Act und wir sind stolz darauf, ihn in unserem Künstlerportfolio zu haben«, sagte einer von ihnen. »Wir sind hier bei Marcels erstem Auftritt.« Synchron streckten sie die Daumen hoch.

Marcel, der sich offenbar in einer Landdisco befand, stimmte auf deren Bühne noch einmal seine Version von »Underneath Your Clothes« an, mit der er sich beim Casting völlig blamiert hatte. Danach versuchte er sich an »My Way« von Frank Sinatra. Die Landjugend klatschte. Je falscher Marcel sang, umso besser wurde die Stimmung. Erdnüsse aus einer Schale von der Theke der Disco flogen in Richtung Bühne.

Die Stimmung im Studio war nach diesem Auftakt am Siedepunkt. Alle wollten mehr von Marcel sehen. Der Einspieler ging weiter. Die Landjugend war nun richtig in Fahrt und begnügte sich nicht mehr mit Erdnüssen. Popcorn, Brezeln, Essiggurken – alle möglichen Fressereien flogen Marcel um die Ohren. Der zog seinen Auftritt mit bewundernswerter Konsequenz durch und verließ die Bühne erst, als der letzte Ton verhallt war. Das Abschlussstatement gehörte Kopelsky und Kopelsky.

»Bucht unseren Marcel auch für eure Feier. Mehr Infos auf www.kopelskyundkopelsky.com.«

JJ nutzte den Verarschungsbeitrag für einen kurzen Kommentar, den er uns mit auf den Weg gab.

»Wahrscheinlich denkt ihr euch jetzt, dass Marcel nichts weiter als ein armer Trottel ist. Doch er hat das Beste aus seinem Talent herausgeholt. Er wird von nun an jedes Wochenende auf einer Bühne stehen, während der Großteil von euch wieder in der Versenkung verschwindet. Nehmt euch ein Beispiel an ihm.« Nun starrte er Moana ganz unverhohlen an. »Es gibt nichts, was zu peinlich ist, wenn du Erfolg haben willst«, sagte er.

Das Motto der zweiten Runde lautete »Die schönsten Songs der Kinogeschichte«. Die Urteile fielen diesmal milder aus, echtes Lob bekam aber wieder nur ich. Meine Coverversion von »I've Had The Time Of My Life« gefiel JJ richtig gut.

»Mich würde wirklich wundern, wenn in diesem Moment nicht gerade ein paar Tausend Menschen von einem ›Dirty Dancing‹ mit dir träumen«, sagte er. »Das hast du wirklich wunderbar hingekriegt. Deine Ausstrahlung, die Intonation, dein Gefühl für Bewegung, das war alles Popstarniveau.«

Ich hauchte ein schüchternes »Danke« ins Mikrofon, doch JJ war noch nicht fertig.

»Lass mich auch ein Wort zu deinem Outfit sagen. Ich empfinde es wirklich als Wohltat, dass du dich nicht wie eine berufsjugendliche Hüpfdohle kleidest. Du bist 28 und hast, wie es sich für dieses Alter gehört, deinen Stil gefunden. Supersexy sage ich da nur, supersexy.«

Ich trug an diesem Abend einen Helmut-Lang-Anzug und darunter ein T-Shirt mit V-Ausschnitt. Dazu hatten mir die Stylisten grellrote Lederstiefeletten verpasst, die die Kamera regelmäßig ins Visier nahm.

Nun wurde ich so rot wie meine Schuhe. Von einem Mann derart überschwänglich wegen meines Äußeren gelobt zu werden, war ich nicht gewohnt. Doch ich sog die Worte wie ein Schwamm auf.

Während die anderen um ihr Weiterkommen zitterten, fühlte ich mich fest im Sattel. Lucy war auch halbwegs gut gewesen, weshalb ich mir auch um sie keine Sorgen machte. Ich konnte mich voll auf die Wirkung des Lobes konzentrieren. Eine Ikone der Popmusik, ein Meister des Gesangs, eine Größe der TV-Landschaft fand mich gut. Das wollte ich genießen.

Lisa überstand die zweite Runde nicht. Ihr permanentes Geläster war beim Publikum offenbar nicht so gut angekommen. JJ nannte sie nach ihrem Auftritt sogar noch eine »intrigante Krawallzicke«. Über den Eklat rund um Moana sprach an diesem zweiten Showabend niemand. Entweder kannten die Sendungsmacher doch Skrupel oder sie führten etwas im Schilde.

ICH WAR JUROR

Ich ging nach Frankfurt, wo ich in einer 27 Quadratmeter großen Absteige hauste und mich als Studiosänger für Kommerzproduktionen durchschlug. »Schalalalala«, diese Textzeile wurde zur Konstante meiner Musikerexistenz. Zwischen Backgroundsängerjobs und Werbejingleproduktionen hoffte ich darauf, von einem der hochnäsigen, mit Goldschmuck behangenen Produzenten entdeckt zu werden.

»Joseph, du hast Potenzial. Irgendwann bring ich dich groß raus.« Diesen Satz hätte ich mir eintätowieren können, so oft hörte ich ihn in meiner Zeit in Frankfurt. An meinem dreißigsten Geburtstag nahm ich in einem Anflug von Pathos dreißig Tabletten Rohypnol, legte mich in eine Wanne und hoffte darauf, sanft zu entschlafen. Drei Tage später wachte ich auf, halb aufgelöst in einer Suppe aus Wasser, Kotze und Urin. Vielleicht war es besser, mich mit dem abzufinden, was ich hatte, als so zu enden, dachte ich. Ich fügte mich und stellte mich auf drei Jahrzehnte Namenlosigkeit in anonymen Tonstudios irgendwo in Frankfurt und Umgebung ein.

Die Dinge änderten sich, als ich Mitte der Achtziger bei einem internationalen Popstar aushalf. Er war auf der Durchreise und musste irgendeinen Hit einsingen, doch er war wegen einer leichten Verkühlung nicht bei Stimme. Ich gab ihm Salbeitee und er hielt mein simples Hausmittel für eine wahre Wunderdroge.

»I need people like you«, sagte er.

Entgegen dem, was ich von der Frankfurter Studiomafia gewohnt war, folgten seinen Worten auch Taten. Er engagierte mich vom Fleck weg als »Vocalcoach«. Für mich hieß das die Welt bereisen und Tee kochen. Um ja nicht aufzufliegen, ließ ich mir immer neue Wundermittel einfallen. Einmal brachte ich ihm einen mit

Honig gesüßten Sud aus Thymian, Pfefferminze und Spitzwegerich, ein andermal verpasste ich ihm einen Zitronenwickel, der mehrere Stunden auf seinem Brustkorb dünstete und einen brennenden Ausschlag hinterließ. Egal, was ich tat, er war immer begeistert und machte Werbung für mich. Bald kannte mich die halbe Musikszene. Wer etwas auf sich hielt, nahm Joseph Jones mit auf Tour, um sich gegen Husten, Schnupfen und Heiserkeit zu wapppnen. Ich wurde nicht reich damit, aber ich verdiente ganz gut.

So vergingen die Jahre und ich hätte nichts dagegen gehabt, als »Vocalcoach« in Pension zu gehen. Ich musste bloß immer neue Fantasiemixturen erfinden. Eibischwurzel, Süßholz, Zwiebel, Anis, Rettich, Kirschstiele, Brennnessel, Holunderbeere, Kartoffel, Apfelschale, Kohl, Veilchen, Seifenkraut, Hagebutte, Muskat, Knoblauch, Oregano. Kein Gewächs war vor mir sicher. Manchmal wunderte ich mich darüber, dass nach meiner Behandlung nicht wilde Kotzattacken das Kratzen im Hals meiner Klienten ablöste, so wagemutig waren meine Mischungen.

Ich dachte nicht mehr an meinen Vater, an den toten Lieutenant Colonel, an meine Mutter, an Marlene, an Alfred und an den ganzen Mist in Heidelberg. Ich gab einfach mein Geld mit beiden Händen aus. Mein Lebensgefühl speiste sich aus der Gewissheit, dass ich mit allem durchkommen würde, egal was ich tat.

Als mir das neue Castingformat YOU ARE A STAR einen Job anbot, sagte ich zu. Aus Joseph Jones junior wurde JJ, dessen Aufgabe darin bestand, junge Popstaraspiranten zu erniedrigen. Nach zwei Staffeln, Millionen von Tränen, zig Nervenzusammenbrüchen, mehreren Rügen durch die Kommission für Jugendmedienschutz und unzähligen Beschimpfungen durch missgünstige Medienheinis hatte ich es geschafft. Ich wurde Vorsitzender der Jury von YOU ARE A STAR. Endlich war ich der Auserwählte und niemand sonst. Ich hielt mich beinahe für unsterblich. Bis Noel kam.

RUNDE DREI

Hätten die anderen Kandidaten Lucys und meine Liebesabsprache durchschaut, hätte das wohl einen Skandal zur Folge gehabt. Vor den Augen der anderen sollte sich deshalb alles langsam aufbauen. Die Inszenierung unserer Liebe fiel uns inmitten der vielen neuen Herausforderungen schwer. Manchmal bemühte ich mich zu wenig, sorgte für schlechte Stimmung und mied die anderen Kandidaten. Doch auch das schien in den Rahmen der Show zu passen. Außerdem fühlte ich mich durch Lucy sicher. Unsere Geschichte war fixer Bestandteil der Dramaturgie. Wir beide hatten es in der Hand.

»Gewinnen kann nur einer«, sagte Lucy, als ich ihr meine Gedanken offenbarte.

»Wie meinst du das?«

»Wenn wir es in der Hand haben, wer von uns beiden gewinnt dann?« Lucy sah mir in die Augen. Dann griff sie nach meiner Hand. »Wenn wir es uns aussuchen können, machen wir es so: Du gewinnst. Du taugst zum Mädchenschwarm, das hilft. Du musst mich aber mitziehen, bei den Duetten und so.«

Ich zog sie sofort mit, und zwar in einen abgelegenen Raum. Dort umarmte ich sie.

»Ich werde der beste Mitzieher sein, den du dir vorstellen kannst«, sagte ich.

Dank dem Rückhalt, den mir Lucy gab, konnte ich gut damit umgehen, dass die Kameras der eingeweihten Reporterin ständig auf mich gerichtet waren. Da unser Deal strengster Geheimhaltung unterlag, verstanden die anderen nicht, warum ich so viel Aufmerksamkeit bekam. Das trieb den Hasspegel in die Höhe.

Mike, der Hip-Hopper, nannte mich einen unkollegialen Wichser. Kaum zu glauben, dass ich den Kerl zu Beginn sympathisch gefunden hatte.

»Du machst die ganze Gruppe kaputt«, sagte er.

Der Reporterin gefiel das offenbar. Sie feuerte ihn an.

»Lass es raus. Sag Noel, was dich stört. Wir inszenieren hier nichts. Bei uns geht es um echte Gefühle.«

Mike fiel darauf herein.

»Wir sind hier, weil wir uns den großen Traum von einer Popkarriere erfüllen wollen«, sagte er. »Deshalb würde aber keiner über Leichen gehen. Außer dir, Noel. Zieh deine Scheiße durch, wenn du meinst, und sieh zu, wie weit du damit kommst. Fuck you, man.«

Beth, der ihre Lästerpartnerin Lisa abhandengekommen war, pflichtete ihm bei.

»Mike hat recht. Du sabotierst die Gruppe. Seit Lisa weg ist, merke ich erst, wie wichtig unser Zusammenhalt ist. Zum Glück sehen das die anderen auch so. Nur du spielst den Einzelkämpfer.«

Ich ignorierte die wütende Vietnamesin. Sie war nicht wichtig. Doch Mikes Gelaber ging mir nahe. Es ärgerte mich. *Fuck you, man.* Das sollte wohl Street Style sein. Elender Wicht. Lachhafte Beastie-Boys-Karikatur. Mike war eigentlich auch nur eine Witzfigur, von den Sneakers bis zum knielangen Basketballshirt. Das fleischgewordene Zugeständnis ans Unterschichtenfernsehen. Und dann wollte ausgerechnet er mich zur Rede stellen?

Die Freude machte ich ihm nicht. Ich ignorierte ihn. Ich musste mich auf keine Diskussionen einlassen. Die Dinge liefen gut für mich. Ein Streit konnte mir nur schaden. Das wusste ich dank Karsten.

Nur Lucy ließ ich an mich heran. Sparsam versorgte sie mich mit Nettigkeiten. Ein ermunterndes Wort da und eine unauffällige Berührung dort. Das waren für sie wohl Investments in unsere vorgefertigte Zukunft. Sonst gab es nur Tabus. Küssen oder Händchenhalten ging nicht, geschweige denn Sex. Alles noch zu früh. Ich musste stillhalten. Ich war verliebt, befand mich an der Schwelle zur Verwirklichung meines großen Traums und wurde dennoch von Tag zu Tag unglücklicher.

JJ gab mir Rätsel auf. Während der Gruppentrainings schikanierte er mich. Wehe, wenn ich einmal nicht den vollen Einsatz zeigte.

»Oho, Noel, die Choreografie ist dir wohl eher egal, oder?«, brüllte er dann.

»Nein, nein, aber ...«

»Vom Zurückreden lernst du keine Schrittfolgen.«

Die anderen sahen mich abfällig an. Nur Lucy lächelte mir aufmunternd zu.

»Eine Kette ist immer nur so stark wie ihr schwächstes Glied«, sagte JJ. »Wenn Noel mehr Zeit benötigt, lassen wir die Mittagspause eben ausfallen. Schließlich stehen wir alle gemeinsam auf der Bühne, da müssen wir auch alle gemeinsam üben.«

Empörtes Aufjaulen.

»Ich bemühe mich«, sagte ich. »Tanzen ist bloß nicht mein Spezialgebiet.«

»Was können da die anderen dafür?«

Beifälliges Gemurmel.

»Natürlich nichts, aber ...«

»Deine Ausflüchte bringen uns auch nicht weiter.«

JJ strich tatsächlich die Mittagspause und ließ uns bis zum späten Nachmittag durchtanzen.

»Das Popbusiness kennt keine Arbeitszeiten«, sagte er. »Ihr habt einen Traum und für den müsst ihr Opfer bringen.«

JJ warf der Reporterin einen vielsagenden Blick zu. Sie nickte anerkennend und hob den Daumen. Tatsächlich lieferte ihr JJs Erziehungsmaßnahme ein absolutes Highlight. Beth kollabierte, weil sie seit 24 Stunden nicht mehr gegessen hatte. Als sie auf dem Boden lag und weinte, hielt die Kamera drauf. Abends, wenn die Einzelinterviews anstanden, würden die anderen bestimmt über mich herziehen.

Nach dem Training trat JJ zu mir und tätschelte mir wortlos die geröteten Wangen. Eine Kamera begleitete uns auch dabei. Nach emotionalen Auseinandersetzungen mussten wir uns versöhnlich zeigen, einander umarmen und anlächeln. So lautete der Auftrag. Also lächelte ich.

Doch JJ wirkte zerrissen. Vielleicht quälte ihn das schlechte Gewissen. Immerhin hatte er mich zum großen Buhmann gemacht. Vielleicht hatte es aber auch mit Lucy und mir zu tun. Ich wusste nicht, ob er informiert war. Ich zumindest hatte ihm nichts erzählt. Es konnte aber leicht sein, dass ihn die Sendungsmacher informiert hatten und dass er diese Ungerechtigkeit gegenüber den übrigen Kandidaten nun ausgleichen wollte.

Wenig später tauchte das Gerücht auf, dass sich der Hauptdarsteller einer Daily Soap, die auf demselben Sender wie YOU ARE A STAR lief, in Moana verknallt hatte. Die beiden hatten sich in der Redaktion einer Teeniezeitschrift kennengelernt und tauschten nun angeblich mehrmals täglich SMS und E-Mails aus. Zwar hielt ich eine Liebesgeschichte mit einem Externen für nicht so zugkräftig wie die Story, die Lucy und ich bieten konnten, beunruhigt war ich aber trotzdem.

Bademode ist also tabu, aber wenn ein Frauenschwarm aus einer Fernsehserie vor ihr steht, fällt sie um, dachte ich.

Lucy und ich mussten mit unserer Liebesgeschichte allmählich vorankommen.

Während wir Kandidaten uns mit den zwischenmenschlichen Nebenwirkungen des Lagerkollers auseinandersetzten, erfüllten die Quoten von YOU ARE A STAR die hohen Erwartungen. Durch den Rausschmiss des Favoriten hatte es gleich zu Beginn eine fesselnde Wendung gegeben. Der Beitrag über den zahnlosen Marcel entwickelte sich zum absoluten Internethit. In der Woche nach der Ausstrahlung klickten zwei Millionen Menschen den Clip auf YouTube an. Es hieß, dass Marcel schon 10.000 Euro für einen Discoauftritt bekam und auf drei Monate ausgebucht war.

In den folgenden Tagen absolvierten wir mehrere »Workshop«-Runden, in denen wir für die Kameras viele, aber kaum musikalische, Herausforderungen bewältigen mussten. Einmal trällerten wir, kopfüber an einem Seil hängend, jene Nummer, mit der wir die Jury zu Beginn überzeugt hatten. Nachher lagen sich alle in den Armen und weinten.

»Ihr habt eure Ängste überwunden«, jubelte JJ.

Weitere Lektionen dieser Art folgten. Die wertvollsten Erkenntnisse brachte mir der permanente Schlafentzug. Während ich mich bisher für ein reflektiertes und im Grunde sozial kompetentes Wesen gehalten hatte, lernte ich nun den Roboter in mir kennen. Ich funktionierte automatisch und alles Menschliche verlor an Bedeutung: Hunger, Durst, Rücksichtnahme, Empathie, Anstand. Ich kämpfte ohne jede Skrupel und fuhr die Ellbogen aus, wann immer es nötig war. Wenn es die Regie wollte, legte ich mich für die Kamera mit einem anderen Kandidaten an, und wenn der mich danach zur Rede stellte, zuckte ich mit den Schultern.

»Ist das nicht viel menschlicher, als mit großen Ansprüchen an sich selbst herumzulaufen?«, fragte ich Lucy.

Sie lächelte mich an.

»Es macht keinen Sinn, sich im Sog einer Castingshow die großen Fragen der Menschheit zu stellen«, sagte sie. »Nutzen wir den Moment. Für alles andere haben wir noch ein ganzes Leben lang Zeit.« Sie machte eine kurze Pause. »Denk daran, dass du dir ruhig auch ein paar Emotionen gönnen kannst. Authentizität ist wichtig.«

Sie hatte recht. Ich musste mit den anderen weinen, schreien, jubeln und lachen. Eine Umarmung hier, ein bisschen Tiefsinnigkeit da. Authentizität brachte Sympathiewerte.

Kurz vor der dritten Runde mussten wir zu einer Autogrammstunde, die der Bademodensponsor mit dem Sender vereinbart hatte. Bei dieser Gelegenheit sollte auch der Kalender vorgestellt werden. Dass wir die Autogramme in Badesachen geben mussten, sorgte für neue Irritation. Auch mir kam das schräg vor, doch anders als meine Kollegen empfand ich keinerlei Ärger. Nicht einmal Scham. Das Zulassen von Gefühlen, merkte ich, hatte auch seelenhygienische Vorteile. So konnte ich die seltsame Autogrammstunde richtig genießen.

In pinkfarbenen Kleinbussen mit getönten Scheiben fuhren wir zu einem Einkaufszentrum am Stadtrand. Bereits bei der Zufahrt standen einige Kids mit selbst gebastelten Transparenten und Schildern, auf denen es um Liebe, Kinderkriegen und Herzschmerz ging. »Noel, ich finde dich herzig«, »Mein HERZ für HERZig«, »Herzig, mein Herzass«. Das Kreischen der Fans drang nur gedämpft in den Wagen. Ich fragte mich, ob die Fahrzeuge mit Sicherheitsglas ausgestattet waren. Es erschien mir möglich, dabei hätte ich ein Attentat auf uns gar nicht so schlimm gefunden. John F. Kennedy, John Lennon, Noel Herzig.

Wir hielten in einer Tiefgarage, von der ein Lift direkt in die Filiale der Sportartikelkette führte. Drei Bodyguards schützten uns. Neben den menschlichen Kleiderschränken zappelte ein kleines Männchen herum, das sich als Marketingleiter der Bademodenfirma vorstellte. Offenbar erfüllte es ihn mit Stolz, uns als Gäste zu haben, denn er war fein herausgeputzt. Das Kinnbärtchen war frisch gestutzt, die Brillengläser glänzten und sein doppelter Windsor-Krawattenknoten zerquetschte den einparfümierten Hals. Der dreiteilige Anzug und das violette Seidenhemd hatten ganz bestimmt viel Geld gekostet. Mit Geschmack hatte all das trotzdem nichts zu tun.

»Seine Alte ist sicher total stolz, wenn sie ihn im Fernsehen sieht«, sagte ich zu Lucy.

Lucy kicherte.

»Wahrscheinlich hat sie ihn in der Früh stundenlang gestylt, damit er sich nicht zum Idioten macht.«

»Ist aber gründlich schiefgegangen, das Styling.«

Eine Kamera näherte sich uns.

»Pst«, zischte ich Lucy zu.

Bevor die Autogrammstunde beginnen konnte, hielt der Marketingleiter eine kleine Ansprache. Auf den Zehenspitzen stehend unterstrich er jedes seiner Worte mit einem sanften Wippen. Lehrlinge in neonfarbenen Polos drückten uns Einwegsektgläser aus Plastik in die Hand. Ich nahm einen gierigen Schluck von dem

Sekt, der nach ranzigem Weißwein mit Kohlensäure schmeckte. Zum Glück schaffte ein Aufpasser von YOU ARE A STAR unauffällig die für uns bestimmten Brötchen beiseite.

»Wir können uns keinen Ausfall wegen Salmonellen leisten«, zischte er uns zu.

Also tranken wir den Sekt auf nüchternen Magen. Arne und Beth stieg er prompt in den Kopf und sie kicherten, während der Marketingleiter seine salbungsvollen Worte loswurde.

»Liebe Kandidaten, wir sind stolz und überglücklich, euch trotz eures vollen Terminkalenders hier bei der Präsentation unseres Bademodenkalenders begrüßen zu dürfen. Wir hoffen, dass ihr diese Autogrammstunde für unsere Kunden auch als Chance seht, mit euren Fans in Kontakt zu kommen.«

Wir sollten Autogramme geben und Fotowünsche erfüllen. Am Ende zeigte er auf eine provisorische Umkleidekabine und prostete uns zu.

»Wir haben für jeden von euch etwas in der richtigen Größe. Zieht euch um und dann gehts los.«

Er streckte uns seine Sektflöte entgegen, was wir als Aufforderung interpretierten, miteinander anzustoßen. Wegen der Plastikbecher kam dabei nur ein trostloses Geklapper heraus. Wir kippten den Rest des Sprudels hinunter, schließlich war der Zeitplan straff, und trotteten anschließend zu den Kabinen.

»Ich mache das nicht«, sagte Moana. JJ war nicht dabei, was ihr anscheinend Mut machte. Dafür bekam sie es nun mit dem Marketingleiter zu tun.

»Ich habe schon gehört, dass du gerne Probleme machst«, sagte er. »Allerdings haben wir 100.000 Euro in diese Sponsorship investiert und in unserem Vertrag steht, dass alle Kandidaten auftreten. Ist das nicht der Fall, klagen wir den Sender, der kann sich dann ja bei dir schadlos halten.« Er musterte sie abfällig von Kopf bis Fuß.

Entsetzen machte sich breit. Wir wussten inzwischen, dass es im Showbusiness hart zuging. Dass sich aber einer von uns so etwas von irgendeinem Marketingmann auf einem dreckigen Parkdeck sagen lassen musste, weckte eine Solidarität, die ich nicht für möglich gehalten hatte.

»Mäßigen Sie sich«, sagte Lucy.

Die Kameraleute drehten ihre Arbeitsgeräte ab. Sie wussten, dass das Folgende nicht sendetauglich sein und Aufnahmen nur unangenehme Beweise darstellen würden.

»Misch dich nicht in Dinge ein, die dich nichts angehen«, sagte der Marketingmann zu Lucy. »Wer bist du überhaupt?«

»Ich bin Lucy und ich versuche im Gegensatz zu Ihnen, unseren Auftritt hier professionell über die Bühne zu bringen. Vertrag hin oder her, wir sind keine Marionetten. Also reißen Sie sich zusammen und überlegen Sie sich einen Kompromiss.«

Moana sah Lucy dankbar an.

»Ich könnte mir einen Bikini anziehen, aber um die Hüften ein undurchsichtiges Strandtuch tragen.«

Der Marketingleiter, den Lucys Frontalangriff offensichtlich überrascht hatte, lenkte ein.

»Einverstanden«, sagte er. Die Szene war ihm offenbar jetzt doch peinlich geworden. Wir schlüpften in die knappe Badebekleidung.

Jetzt hatte es der Marketingleiter eilig.

»Hopp, hopp, los gehts!«, sagte er.

Begleitet von den Bodyguards fuhren wir in zwei Lastenaufzügen in die Verkaufsetage. Keiner von uns sagte ein Wort. Unser halb nacktes Auftreten war noch einmal eine neue Dimension der Entblößung und keiner fühlte sich wohl dabei.

»Hoffentlich kommt jemand«, hatte Sanja im Vorfeld gesagt. Ich rechnete nach der Begrüßung auf der Zufahrt mit einer überschaubaren Menschentraube, die uns eine halbe Stunde lang auf Trab halten würde. Eine Unterschrift hier, ein Foto da. Ein paar freundliche Worte, ein bisschen Händeschütteln, keine große Sache. Ein Bodyguard legte den Notschalter auf Stopp. Der Aufzug hielt mit einem Ruck an.

»Warum tun Sie das?«, fragte ich ihn.

Statt mir zu antworten, redete er in sein Funkmikro.

»Wir sind oben«, sagte er. »Alles klar?«

Offenbar bekam er ein »Ja« zurück, denn er nickte zufrieden und legte den Schalter wieder auf Start. Die Türen schoben sich zur Seite und gaben den Blick auf eine Szenerie frei, die meine Erwartungen bei Weitem übertrafen. Die ganze Etage des Ladens war bis auf den letzten Zentimeter mit Menschen gefüllt. Sie standen dicht gedrängt, von der Bühne bis zu den Treppen. Einige Kinder waren auf die metallenen Regale geklettert und kreischten hysterisch.

Die Bodyguards scheuchten uns auf die Bühne, von der aus wir die Lage überblicken konnten.

Erste Reihe fußfrei in der Oper der Verrückten, dachte ich.

Inmitten der Menschenmenge versuchten Verkäufer so gut es ging, die Ware zu retten. Die ausgestellten Fahrräder waren schon umgekippt und die Leute traten einfach darauf, um eine bessere Position zu finden. Regale wankten und eines fiel um, ein Kind schrie gellend. Ein paar Jugendliche warfen mit Schwimm- und Taucherbrillen herum, die am Boden landeten. Ich streifte Moana mit einem Blick. Sie trug ein gelbes Bikinioberteil und ein orangefarbenes Strandtuch mit Preiszettel dran um die Hüften. Moana war den Tränen nahe.

»Was wird das hier?«, fragte ich einen unserer Bodyguards, der wie ein Albaner aussah.

»Ist normal«, sagte er und fixierte dabei weiter die Menge.

Zwei Sanitäter schoben sich durch das Getümmel. Ich konnte nicht erkennen, wo genau sie ihr Einsatz hinführte. Von hinten drängten Fans nach, die uns möglichst nahe sein wollten. Die Securitys hielten dagegen. Eine Absperrung fiel. Noch mehr Geschrei.

Der ganze Wahnsinn nur wegen uns, dachte ich. Adrenalin durchfuhr meinen halb nackten Körper. Als uns die Bodyguards in Sicherheit brachten, hielt ich uns einen Augenblick lang für unsterblich.

24 Stunden später mussten wir zum dritten Mal auf die Bühne von YOU ARE A STAR. Der Tag hatte mit einem neuen Gerücht begonnen, das mich einigermaßen beruhigte. Moana hatte eine missglückte erste Nacht mit ihrem Schauspieler zu verkraften. Zumindest erzählte Beth das.

»Als er mit ihr schlafen wollte, ist sie weinend aus seiner Wohnung gelaufen«, sagte sie im Flüsterton.

»Woher willst du das wissen?«, fragte ich sie.

»Ich habe so meine Quellen.«

Als JJ Moana am Showtag zur Seite nahm, um mit ihr unter vier Augen und ohne Kameras zu reden, beschloss ich, dem Gerücht Glauben zu schenken. Ich konnte befreit und ohne Liebeskonkurrenz in die dritte Themenshow gehen. »Die besten Schlager« lautete das Motto diesmal.

Sanja flog für ihre Interpretation von Peter Maffays »Über sieben Brücken musst du gehen« raus. Ich hatte ihren Auftritt gemocht, weil mir ihr Akzent von Anfang an gefallen hatte. JJ und das Publikum sahen das etwas anders. Sie wussten mit ihrem »Uber sieben Brucken musst du gehen« wenig anzufangen. Für mich war das in Ordnung. Ich atmete erstmal tief durch. Was für eine Woche. Ich bewunderte JJ jetzt noch mehr. Er hielt diesen Rummel jetzt schon seit Jahren durch.

ICH BIN EIN JUNKIE

Wenn du berühmt bist, zählt nicht das, was du darstellst, sondern das, was du damit verbirgst. Deshalb gehörte die Angst zu meinen stetigen Begleitern. Schwul sein ging für mich einfach nicht. Ich hatte einen Plan. Darin verkörperte ich ein begehrenswertes Vorbild und nicht ein freakiges Dasein als Minderheitenikone. Tagsüber war ich US-Deutscher mit exotischem Teint und prächtigem Körperbau, ein Frauenheld. Des Nachts traf ich mich mit Männern an anonymen Orten. Ich begegnete ihnen in Toiletten, hinter Sträuchern, in Darkrooms oder in verwinkelten Clubs, in denen abgetakelte Schwuchteln und osteuropäische Strichjungen verkehrten.

Das entsprach meinem Drang zur Selbsterniedrigung. Außerdem verbot mir meine Vorsicht, mich in die schicke Schwulenszene zu begeben. Wer einmal in diese Community eingeführt war, blieb als Phantom ständig vorhanden. Die Schwulen hätten immer gemunkelt und ihre besten Freundinnen informiert, von denen einige sicher in schicken Medienberufen gearbeitet und sich nach dem dritten Glas Prosecco bei der Geburtstagsfeier einer Arbeitskollegin wichtig gemacht hätten. Irgendwann hätten die erfolgshungrigen Chefredakteure ein Problem mehr gehabt. Outen oder nicht? Ist es politisch korrekt, wenn die sexuelle Orientierung nichts mit dem Beruf zu tun hat? Bescheid gewusst hätten irgendwann alle, und diese Gerüchte wären Gift für meine Karriere gewesen.

Zur Sicherheit heiratete ich. Margit war eine gute Frau. Sie unterstützte mich von Anfang an in allem, was ich tat. Wenn ich wieder mal von einem Schalalalala-Tag im Studio heimkehrte, fand sie das ganz großartig, weil ich nicht wie andere Künstler im Elfenbeinturm dahinsiechte, sondern »mein Glück in die Hand nahm.« Als mein Glück darin bestand, Stars dubiose Tee-

Erfindungen zu servieren, fand sie das mutig, unternehmerisch gedacht und sehr kreativ.

»Du trägst damit etwas zum Glück der Welt bei«, sagte sie. »Wenn sich die Künstler besser fühlen, überträgt sich das auf Hunderttausende, die ihnen zuhören.«

Natürlich hatten wir auch Schwierigkeiten. Ich brauchte sechs Monate, um die Ehe zu vollziehen. Vor unserer Hochzeit führte ich meine katholische Erziehung ins Treffen. Obwohl es keinerlei Kontakt zu meiner religiösen Mutter und ihrem kirchlichen Umfeld gab, kaufte mir Margit das ab.

»Ich finde es schön, dass du dich für traditionelle Werte begeisterst«, sagte sie.

Bei so viel Einfühlungsvermögen hätte ich kotzen können. Es führte mir meine eigene Unzulänglichkeit vor Augen. Doch Margit konnte am allerwenigsten dafür. Sie wusste nicht einmal, dass sie meine Komplizin bei einer verzweifelten Vertuschung war.

Vor unserer Trauung nötigte uns der Priester, ein paar persönliche Zeilen zu formulieren, die wir dem »Ja« vorausschicken sollten. Margit legte sich voll ins Zeug.

»Lieber Joseph«, sagte sie mit tränenerstickter Stimme. »Ich dachte bis jetzt, dass ich schon oft geliebt hätte. Doch gewisse Dinge kann ein Mensch wohl erst einordnen, wenn er sie in ihrer ultimativsten Form erlebt hat. So ist es mir mit dir ergangen. Erst jetzt weiß ich, was Glück, Hingabe, Vertrauen, Geborgenheit und ja, was Liebe ist. Obwohl schon jetzt mehr da ist, als ich je hatte, freue ich mich auf die Superlativen, die noch kommen werden.«

Ihren letzten Satz interpretierte ich als neckischen Verweis auf unsere bisherige Abstinenz. Es kam mir passend vor, verschämt zu schmunzeln. Sie lächelte zurück.

»Lieber Joseph, du bist das Ende und der Anfang des Weges«, fuhr sie fort. »Dank dir bin ich wirklich ich und dennoch ein vollkommen neuer Mensch.«

Ich sah Margit an. Mit ihren blonden Haaren, den hellen Lippen und den Sommersprossen auf ihrer Nase sah sie hübsch aus, ein fröhlicher, offener Typ. Sie war mir von Anfang an durchsichtig vorgekommen. Vielleicht war es das, was mich ausgerechnet sie auserwählen ließ. Mit ihr ging ich den Weg des geringsten Widerstandes. Schwungvoll beendete sie ihre kurze Rede vor dem Altar.

»Joseph, du bist die Liebe meines Lebens und deshalb sage ich Ja.«

Ein begeistertes Raunen erfüllte den Raum. Dazu das rhythmische Schluchzen meiner zukünftigen Schwiegermutter. Alle Augen richteten sich auf mich.

War so eine Liebeserklärung noch zu übertreffen? Ich sah ihr in die fast unnatürlich blauen Augen.

Ich werde dich niemals glücklich machen, dachte ich. Du bist dazu verdammt, das Feigenblatt einer unseligen Lüge zu sein. Du kannst nichts dagegen tun. Es liegt nicht in deiner Hand. Keine Paartherapie, keine nächtelangen Gespräche, keine gemeinsamen Erlebnisse werden dir helfen. Nichts wird je überbrücken können, was uns beide trennt. Ich würde dich gerne schützen. Doch dazu brauche ich dich zu sehr. Lauf, solange du noch kannst. Ich liebe dich nicht. Und mein Ja ist eine Lüge.

»Liebste Margit, ich bin kein Mann der großen Worte«, sagte ich laut. »Meine Sprache ist die Musik. Deshalb habe ich ein Lied für dich vorbereitet.«

Ich gab dem Pianisten ein Zeichen und er legte mit einem schmalzigen Intro los. Zu seinem Spiel bewegte ich die Finger, als würde ich ein Klavier bedienen. Nach ein paar Takten begann ich zu singen. »You Are So Beautiful«, ein Klassiker unter den Hochzeitsschmachtfetzen. Das Plakative täuscht am besten über die Realität hinweg.

Margit heulte los. Ich hätte es ihr gerne gleichgetan. Doch ich fürchtete, dass meine Tränen der Verzweiflung als solche identifizierbar gewesen wären.

You‘re everything I hoped for. You‘re everything I need.

Bald flennte das gesamte Auditorium.

Such joy and happiness you bring. Like a dream!

Bei den letzten Zeilen fiel ich auf die Knie.

A guiding light that shines in the night. Heaven's gift to me. You are so beautiful to me.

Dann hauchte ich mein Ja.

In der Hochzeitsnacht quälte mich angeblich Migräne und in den folgenden Wochen war es eine hartnäckige Hodenprellung nach einem vorgetäuschten Sportunfall. Anschließend kam ein simulierter Harnwegsinfekt.

»Eine Spätfolge der Prellung«, behauptete ich und hängte, da ich mich mit derartigen Problemen allmählich auskannte, eine temporäre Impotenz an. Ein halbes Jahr verging. Irgendwann hatte Margit genug.

»Joseph, ich will Sex«, sagte sie. »Liegt es an mir?«

»Wie meinst du das?«

»Irgendetwas stimmt doch nicht. Findest du mich nicht attraktiv?«

Ich suchte einen Arzt auf, den ich dank eines ungeschickten Strichers kannte. Der Bursche hatte mir einen Einlauf gesetzt und statt Wasser Orangensaft verwendet, einfach weil die Packung gerade in Reichweite gewesen war. Als ich unter Höllenqualen nach einem Arzt geschrien hatte, hatte mir der Stricher eine Karte gereicht.

»Ruf den an, er ist perfekt für so was.« Dann haute er ab.

Der Arzt hatte mich damals mit einem zweiten, diesmal medizinischen Einlauf geheilt. Bloß vier Wochen Durchfall waren mir als Andenken geblieben.

Er klopfte mir auf die Schultern, als ich seine Praxis betrat.

»Wie gehts?«

»Es geht mir gut. Abgesehen davon, dass ich geheiratet habe.«

»Angeblich ist das der Weg zur Glückseligkeit.«

Mit einer Grabesmiene unterstrich ich die Ernsthaftigkeit meiner Lage.

»Sie wissen doch, dass ich andere Vorlieben habe.«

Der Doktor lächelte mir aufmunternd zu.

»Sie sind mit diesem Problem nicht allein. Viele Männer müssen das eine mit dem anderen verbinden.«

»Ich fürchte, bei mir geht das nicht.«

Der Doktor verschränkte die Hände vor seinem dicken Bauch.

»Wie kann ich Ihnen helfen? Ich bin kein Sexualtherapeut und ich kenne kein Medikament, das sexuelle Vorlieben neutralisiert. Damit ließe sich eine Menge verdienen.«

»Heißt das, dass Sie mich diesmal im Stich lassen?«

»Das habe ich nicht gesagt.«

»Lassen Sie sich nicht so bitten. Schießen Sie los.«

»Ich kann Ihnen nicht mit klassischer Pharmakologie helfen.«

»Aber mit ... unklassischer?«

»Es müsste unter uns bleiben.«

»Sie können mir vertrauen.«

Er öffnete eine Lade und zog ein Säckchen mit weißem Pulver hervor.

»Das sind Amphetamine in ihrer ansprechendsten Form«, sagte er. »Speed. Ziemlich modern und ziemlich überzeugend.«

»Aber illegal.«

»Selbstverständlich.«

»Wie wirkt es?«

»Zuerst wird Ihr Mund trocken, und während Sie gegen dieses seltsame pelzige Gefühl anreden, formulieren Sie unglaubliche Gedanken, weil Ihre Konzentrationsfähigkeit ins Unermessliche steigt. Dann kommt die Euphorie. Sie würden am liebsten die ganze Welt umarmen. Größenwahn übermannt Sie und Sie denken: Warum die Welt nur umarmen, wenn ich sie auch ficken kann.«

Er hatte das Zeug offensichtlich selbst probiert.

»Wie?«, fragte ich.

Er deutete auf seinen rechten Nasenflügel.

»Ich will gar nicht die ganze Welt ficken«, sagte ich. »Mir würde es schon reichen, wenn ich meine Frau ficken könnte.«

»Die Schranken, die Sie jetzt daran hindern, wird es nicht mehr geben. Glauben Sie mir. Bei mir waren es die jungen Frauen. Ich wollte keine über dreißig. Allmählich ist das schwierig geworden. Seit ich Amphetamine nehme, sind mir Falten, unförmige Schenkel und Cellulitis völlig egal.«

Seine offenherzigen Geständnisse irritierten mich ein wenig, doch ich griff zu. Und es funktionierte. Ich wurde Vater. Ich taufte meinen Sohn Joseph. Er sollte so heißen, wie sein ermordeter Großvater. Dass er damit auch so hieß wie ich, war eigentlich nebensächlich.

Die Droge gab mir alles, wofür ich zuvor vergeblich gekämpft hatte. Kinder, Familie, ein geregeltes Sexualleben zwischen Ehegatten. Ich benahm mich manchmal etwas irrational, abgehoben und getrieben, doch das fiel in meiner Branche nicht weiter auf. Zwei Jahre nach unserem Sohn kam unsere Tochter Helene zur Welt. Zu diesem Zeitpunkt gab ich fast die Hälfte meines Einkommens für Speed aus, ohne dass jemand etwas davon merkte. Ich war längst süchtig.

RUNDE VIER

Die Reporterin kam gleich zur Sache.

»Der richtige Zeitpunkt für euer Outing ist gekommen.«

Ich sah das genauso. In jeder Runde konnte es vorbei sein. Ich musste das Risiko so gering wie möglich halten, denn eine Rückkehr in mein altes Leben konnte ich mir immer schlechter vorstellen.

»Wie gehen wir vor?«, fragte ich die Reporterin.

»Am besten mit einem überraschenden Liebesgeständnis gleich zu Beginn der Show.«

Lucy schaltete sich ein.

»Wer gesteht wem die Liebe?«, fragte sie.

Die Antwort lag für die Reporterin auf der Hand.

»Zuerst bringen wir einen Film, dann steht Noel auf der Bühne und tut es. Das ist logischer als andersherum.«

Lucy wollte nichts dem Zufall überlassen.

»Sind JJ und die anderen eingeweiht?«

Die Reporterin wich einer konkreten Antwort aus.

»Ihr kümmert euch um eine herzzerreißende Liebesgeschichte, den Rest lasst bitte meine Sorge sein.«

Mit dieser Aufgabenteilung konnten wir leben. Fehlte nur mehr eine Sache, um unsere Liebesgeschichte authentisch und damit perfekt zu machen.

Ich buchte eine Suite in einem Luxushotel. Sie kostete 500 Euro die Nacht. Immerhin waren die Mitarbeiter wesentlich prominentere Gäste gewohnt, was uns Diskretion garantierte.

Nach der Probe nahm ich Lucy an der Hand und zog sie kommentarlos in ein Taxi. Ich gab mir keine Mühe, unseren gemeinsamen Ausflug zu verbergen. Es würde sowieso bald alles rauskommen.

Wir hatten in den vergangenen Wochen eine vollkommen perverse Beziehung geführt. Während andere in der ersten Phase ihrer Verliebtheit nicht aus den Laken kommen, lebten wir steril nebeneinander her. Wir berührten uns kaum und wechselten nur wenige Worte. Auch die Nächte verbrachten wir getrennt, um keinen Verdacht zu wecken. Uns verband nur ein rationaler Pakt und flüchtiger Beinahesex in der Waschküche von Lucys Haus. Das wollte ich vor unserem großen Outing unbedingt ändern.

Im Taxi küsste ich Lucy. Anders als bei unserer allerersten intimen Begegnung war unsere Annäherung nicht wild und ungestüm, sondern vorsichtig und zurückhaltend. Wir wollten diesmal alles richtig machen. Ich kitzelte Lucys Ohr, streichelte die rasierte Seite ihres Kopfes und knabberte sanft an ihrer Unterlippe. Ich kam nicht einmal auf die Idee, unter ihren Rock zu fassen oder ihre Brüste zu berühren. Lucy war beinahe schüchtern. Kein Seufzen und Stöhnen. Nur stille Harmonie. Sobald wir die Hotelzimmertür hinter uns geschlossen hatten, zogen wir uns langsam aus. Wir gingen synchron vor. Zuerst zogen wir unsere Oberteile aus, dann unsere Hosen und die Unterwäsche. Lucy legte sich aufs Bett.

»Hast du diesmal ein Kondom dabei?«, fragte sie.

Oh mein Gott. Das Kondom hatte ich vergessen.

»Ich fürchte nicht.« Ich lief rot an. »Glaub mir, es war keine Absicht. Ich habe einfach vergessen.«

»Egal. Schlaf jetzt mit mir.« Sie spreizte die Beine. Ich legte mich auf sie und drang in sie ein. Wir bewegten uns nur ganz leicht, fast unmerkbar. Meine Freunde nannten so etwas Blümchensex. Mir kam es in diesem Moment wie der wundervollste Sex auf Erden vor.

»Schön«, sagte Lucy, nachdem wir fertig waren.

»Ja, schön. Jetzt wird mir die Liebeserklärung auf der Bühne richtig leichtfallen.«

»Noel?«

»Ja?«

»Weißt du noch, was echt und was gespielt ist?«

»Wen interessiert das schon. Es fühlt sich gut an. Was können wir noch mehr wollen?«

»Gute Frage.«

Sie stierte an die Decke.

»Lass uns jetzt zurück zum Sender fahren.« Damit war das Gespräch abrupt beendet.

In der vierten Themenshow ging es, passend zu unserem Vorhaben, um »große Gefühle«. Ich bekam die Startnummer Eins, um die Sendung mit meinem Geständnis eröffnen zu können.

»Das stabilisiert die Quote«, sagte die Reporterin. Mir war das nur recht. Ich konnte es ohnehin nicht erwarten, die ganze Welt an meinem Glück teilhaben zu lassen.

Nachdem mich der Moderator mit einigen kryptischen Andeutungen angesagt hatte, kam zunächst mal ein Einspieler. Zur Musik von »Eternal Flame« sahen die Zuschauer Lucy und mich beim Trainieren, Singen, Herumsitzen, Plaudern, Essen, Fernsehen und vielen anderen Tätigkeiten aus dem Alltag der Show. Das Saalpublikum realisierte schnell, wohin das führen sollte. Ein Raunen ging durch die Reihen. Als Lucy und ich zum ersten Mal Hand in Hand zu sehen waren, erfüllte ein rührseliges »Ohhhh« den Raum.

Mit einem Kuss, den wir erst am Tag zuvor aufgezeichnet hatten, endete der Kurzfilm. Ich stand zu diesem Zeitpunkt bereits in einem schwarzen Anzug und einem silbernen Hemd auf der Bühne. Nur ein einzelner weißer Lichtkegel war auf mich gerichtet. Das Publikum spendete mir einen frenetischen Applaus. Ich ließ mir eine Minute Zeit und kostete jede Sekunde davon aus, bevor ich deutete, dass es nun wirklich genug sei. Ich hätte gerne die Reaktion der Jury beobachtet, doch sie lag genau wie das Publikum im Dunkeln.

»Lucy«, sagte ich. »Als ich zu YOU ARE A STAR gekommen bin, hatte ich nur einen Wunsch. Ich wollte vor Publikum singen und mein Leben der Musik widmen. Seit ich dich kenne, weiß ich, dass es für mein Glück noch viel mehr braucht. Nämlich dich, liebe Lucy.« Ich machte eine Pause. »Die Menschen vor den

Fernsehgeräten, das Saalpublikum hier, die vielen YOU-ARE-A-STAR-Fans, sie alle sollen meine Zeugen sein. Seit ich dich kenne, weiß ich, was wahre Liebe ist. Deshalb möchte ich dir sagen: You look wonderful tonight.«

Die Studioband spielte die ersten Takte des Eric-Clapton-Klassikers. Während ich all meine Emotionen in den Song legte, konzentrierten sich mehrere Kameras auf Lucy, um jede ihrer Regungen festzuhalten. Ich bekam nichts mit, aber ich nahm stark an, dass sie vor Rührung weinte. Gleich nach der Nummer lief Lucy auf die Bühne und umarmte mich. Das Publikum feuerte uns an. Wir küssten uns auf den Mund. Nun musste ich nur noch die Jurybewertung überstehen.

JJ ergriff das Wort.

»So, lieber Noel«, sagte er. »Das war jetzt großes Gefühlskino. Die Leute halten mich ja für ein ziemliches Arschloch, weil ich immer geradeheraus meine Meinung sage. Das möchte ich auch diesmal tun. Dein Auftritt war ganz schön ...«

Das Publikum klatschte. JJ wartete, bis es wieder ruhiger wurde.

»... ganz schön daneben«, fuhr er fort. »Da bin ich lieber ein ehrliches Arschloch und sag ganz offen, wie jenseitig ich diesen Schmus finde, als dass mich hier jemand am Ende noch für bestechlich hält. Da müsste jemand auch richtig viel Schmiergeld zahlen, damit ich diese Seifenoper gut finde. Jetzt mal unter Männern: Lass dir bis zum nächsten Mal Eier wachsen. Diese Schleimorgie war unerträglich.«

Die Ergriffenheit des Publikums ging in Erheiterung über. Ich fühlte mich wie im falschen Film. Dass ich mir für einen mit dem Sender vorbereiteten dramaturgischen Kniff verbale Ohrfeigen abholen musste, hatte ich nicht erwartet. Auch Lucy sah verdattert drein.

»Noel, ich habe dich immer gelobt«, sagte JJ. »Aber was du hier abgeliefert hast, war Hausfrauenpop der übelsten Sorte. Ich hoffe, das Publikum verzeiht dir und wählt dich trotzdem in die nächste Runde.«

JJ ließ sich nicht von den vereinzelten Buhrufen aus dem Zuschauerraum beeindrucken. Lucy würdigte er nicht einmal eines Blickes. Sie tat mir besonders leid, schließlich hatte sie ihren Auftritt noch vor sich.

Die restliche Show verbrachten Lucy und ich in Schockstarre. Sie sang eine farblose Version von Elton Johns »Sorry Seems to Be the Hardest Word« und bekam dafür mäßiges Feedback. JJ machte sich nicht einmal die Mühe, ihren Auftritt zu vernichten. Das war in seinem Kosmos die schlimmste Beleidigung.

Kurz vor der Bekanntgabe der Entscheidung hatten die Macher noch eine kleine Überraschung parat. Es gab ein Wiedersehen mit den ausgeschiedenen Kandidaten Karsten, Lisa und Sanja. Ein Film zeigte ihre Rückkehr ins normale Leben. Karsten drückte wieder die Schulbank in seiner Musikhochschule. Einer seiner Lehrer schulmeisterte ihn gerade. Karsten wirkte ziemlich verloren. Anscheinend hatten ihn seine Musikhochschulfreunde fallengelassen, nachdem er sich dem Kommerz von YOU ARE A STAR verschrieben hatte.

Lisa faselte etwas von einer Kosmetiklinie, die sie für einen internationalen Konzern kreieren wollte. Wie dieser Konzern hieß und was für Kosmetik es werden sollte, darüber sagte sie nichts. Auch sie wirkte auf eine seltsame Art gebrochen.

Sanja machte wie Karsten dasselbe wie vor der Show, bloß ging es ihr als Einziger der Exkandidaten offensichtlich gut. Sie stand an der Kassa einer Textilkette und packte Billigklamotten ein.

»Ich bin glucklich«, sagte sie ziemlich überzeugend in die Kamera. »Endlich kein Druck und keine Streitereien mehr. Trotzdem mochte ich die Zeit nicht missen.«

Der Film war zu Ende und JJ ergriff das Wort.

»So schnell kann es gehen«, sagte er und grinste bösartig. »Mal sehen, wen wir heute in sein normales Leben zurückschicken.«

Nach mehreren quälenden Minuten, in denen sich der Moderator durch spannungsgeladene Floskeln arbeitete, war es soweit. Die Entscheidung wurde bekanntgegeben. Ich durfte bleiben. Das Publikum hatte sich in beeindruckender Weise mit mir und meinem Liebesbekenntnis solidarisiert. Lucy erging es wesentlich schlechter. Sie schaffte es als Vorletzte nur hauchdünn in die nächste Runde. Beth musste gehen. JJ schien zufrieden zu sein.

»Beth, du bist glitschig wie ein nasser Fisch«, hatte er ihren Auftritt kommentiert. »An dir kann ich mich weder reiben noch festhalten. So einen Durchschnittsmüll brauchen wir hier nicht.«

ICH HABE MICH BEIM PRODUZENTEN BESCHWERT

Mit Noel und dem Rest der Kandidaten traten wir einen Hype los, wie wir ihn noch in keiner Staffel zuvor erlebt hatten. Wir waren selbst überrascht davon. Wir kannten die Gründe dafür, zumal sie in unserem eigenen Handeln lagen, doch wir hatten die Tragweite unterschätzt. Die große Lovestory, die sich vom ersten Moment an zwischen Noel und Lucy abgezeichnet hatte, war schließlich der Durchbruch.

Ich war dagegen gewesen. Ich hätte Noel lieber in sein kleines bedeutungsloses Leben zurückgeschickt, in dem er sich ohne Aussicht auf Besserung mit Werbejingles über Wasser halten musste, statt ihm den emotionalsten Auftritt der Show zuzuspielen. Er hatte mich einfach ausgelassen. Ich hatte ihn entdeckt und aufgenommen, und dann hatte er hinter meinem Rücken Vereinbarungen getroffen, die mich überflüssig machten.

Noel hatte die Oberhand gewonnen. Über mich, JJ, den die Menschen für sein ehrliches Urteil, seine pointierten Aussagen und sein medienwirksames Auftreten fürchten sollten. Zum ersten Mal in meiner Ära bei YOU ARE A STAR hatte ich mich unterlegen gefühlt. Ausgebootet von einem frechen Kandidaten, seiner karrieregeilen Freundin und einer manipulierbaren Reporterin.

Dass ich an Noel glaubte, hatte die Sache umso schwerer gemacht. Ich glaubte nicht nur an ihn. Ich verehrte ihn. Ich hätte alles für ihn getan. Deshalb hatte sich sein Alleingang umso mehr wie Verrat angefühlt. Doch ich hatte nichts mehr gegen ihn ausrichten können. Ich war im internen Machtkampf unterlegen. Ein Erlebnis, das fast ebenso bitter gewesen war wie Noels Verrat selbst.

Die Bosse hatten mir zwar von der inszenierten Liebesgeschichte zwischen Noel und Lucy erzählt, doch sie hatten sich nicht einmal die Mühe gemacht, so zu tun, als hätte ich irgendetwas mitzureden. Was mir Noel da angetan hatte, durfte einfach nicht sein. Die Wertestrukturen und Hierarchien der Sendung waren mein Halt im Leben, an sie glaubte ich. Doch die Lovestory war zu gut konzipiert, als dass ich ihre Aufführung noch hätte verhindern können. Es war dumm gewesen, es überhaupt zu versuchen. Immerhin ließ ich mit meinem Kommentar in der Sendung ein bisschen Luft raus. Von da an quälte ich Noel vor aller Augen beim Training.

Doch das reichte mir nicht. Der Regisseur hatte mich ebenfalls hintergangen. Bevor mein Racheplan fertig war, stürmte ich in sein Zimmer, schnappte mir einen der Stahlrohrstühle und wuchtete ihn in die riesige Aktfotografie von Helmut Newton hinter seinem Schreibtisch. Zack, genau auf die Muschi des blassen Models. Scheißmuschis. Sie waren an allem schuld.

Der Regisseur blieb davon unbeeindruckt. Er schaute mich an, als hätte er ein paar Schachteln Tranquilizer gefressen. Ich packte seine Schreibtischlampe und schmiss sie mit aller Kraft gegen die gläserne Wand, durch die der Blick über die halbe Stadt fiel. Der Effekt war dürftig. Der Designerleuchtkörper richtete ungefähr so viel Schaden an wie eine Fliege, wenn sie gegen eine Scheibe flog.

»Mensch, JJ, das ist Hochsicherheitsglas«, sagte der Regisseur. »Das kriegst du doch nicht mit einer Lampe kaputt. Da musst du schon mit einer Pumpgun ran.«

»Warum hast du mir das angetan, Rolf?«

»Wovon sprichst du und warum benimmst du dich wie ein Irrer?«

Rolf lehnte sich genüsslich in seinem Stuhl zurück. Sein sehniger Körper zeigte keinerlei Anzeichen von Nervosität. Ich wusste, dass Rolf mindestens zwei Marathons pro Jahr lief. Das hatte ihn offenbar zäh gemacht.

Immerhin hatte der Stuhl die Nackte an der Wand beschädigt. Auch das war dem Regisseur ziemlich egal. Unser Beruf hatte uns gerade in den vergangenen Jahren zu abgebrühten Zynikern gemacht. Jetzt richtete sich dieses Phänomen gegen mich. Ich wollte ernst genommen werden und erntete bloß Spott.

»Du hast mich ausgebootet und hintergangen«, sagte ich.

»Inwiefern?«

»Stell dich nicht dumm. Ich rede von der Sache mit Noel.«

»Du wusstest Bescheid.«

»Ich hatte kein Mitspracherecht.«

Rolf unterbrach mich, indem er kräftig auf den Tisch schlug. Er musste nebenbei auch Krafttraining machen, denn der Schlag hinterließ einen kleinen Sprung im Holz.

»Jetzt hör mir einmal gut zu, Joseph Jones junior. Erfolg macht vergesslich, aber vielleicht erinnerst du dich noch, dass wir auch dich gemacht haben. Du bist nicht viel besser als die Kandidaten, die Jahr für Jahr kommen und gehen. Gut, du strengst dich an, aber nicht aus Loyalität uns gegenüber. Du brauchst dieses Gefühl von Macht, übrigens ein Grundprinzip des Analsadismus, aber das ist eine andere Geschichte. Du bist nichts weiter als ein König von unseren Gnaden. Überleg doch mal, woher du kommst. Du bist eine abgetakelte Popnutte. Du hast Tee gekocht und irgendwelchen größenwahnsinnigen Sängern den Kehlkopf massiert. Eigentlich gehörst du in ein versifftes Tonstudio, wo du den Backgroundchor zu einer von Admirandas billigen Ballermann-Saufnummern dirigierst. Wir haben dich aus dem Nichts geholt und dir eine Chance gegeben. Wir haben dich geformt, aufgebaut und schließlich befördert. Irgendwann erreicht eben jeder seinen Zenit. Dann bist du zufrieden mit dem, was du hast, oder du schaust dich nach etwas Neuem um.«

Er drohte mir. Obwohl ich von Anfang an dabei war, immer an das Format geglaubt hatte, mich von jeder Zeitung durch den Dreck hatte ziehen lassen, drohte mir Rolf, mein engster Weggefährte, mit dem Rausschmiss. Etwas lief hier gründlich falsch.

»Die Wahrheit ist, dass wir das Glück deiner alten Tage sind«, sagte der Regisseur. »Warum willst du das nur wegen deinem Ego aufs Spiel setzen?« Rolf kratzte sich genüsslich am Hinterkopf. Seine dicken grauen Haare knisterten.

Ich hätte ihm gerne die Fresse eingeschlagen, zumindest verbal. Doch aus purem Schreck zog ich mich auf die sachliche Ebene zurück.

»Es geht nicht um mein Ego«, sagte ich. »Ich denke, dass es der Sendung guttut, wenn ich die Möglichkeit habe, mich einzubringen. Außerdem bin ich es, der nach außen alles rechtfertigen muss.«

Rolf schüttelte ungeduldig den Kopf. Er warf einen Blick auf seine klobige Tauchuhr und fuhr mit deutlich erhöhtem Sprechtempo fort.

»Müssen ist das falsche Wort. Du darfst es rechtfertigen. Das ist ein Privileg. Das reicht dir aber nicht. Du willst zum Ruhm auch noch die Kontrolle.«

Ich stand vor dem breiten Tisch des Regisseurs, ratlos, und ich hasste mehr mich als ihn dafür.

»Die meisten Menschen halten mich für den größten Erfolgsfaktor dieser Show«, sagte ich. »Nur mein engstes Umfeld sieht das offenbar anders.«

»Ganz ehrlich, JJ, wenn du hier die Entscheidungen treffen würdest, würde nicht gerade die erfolgreichste Staffel von YOU ARE A STAR laufen, sondern höchstens ein hoch gepushter Aufguss eines totgelaufenen Formats.«

Warum machte er mich ausgerechnet jetzt fertig? Nur weil ich ein bisschen in seinem Büro randaliert hatte? Solche exzentrischen Ausschläge gehörten eigentlich zum Alltag eines Fernsehmachers. Gerade Rolf, diese alte Sportskanone, baute Stress üblicherweise bei einem 20-Kilometer-Lauf ab. Im Büro hatte er meistens die Ruhe weg. Das passte alles nicht ins Bild.

»Joseph, ich gebe dir einen guten Rat. Du solltest dich in Bezug auf Noel nicht so produzieren. Ich höre von einigen Mitarbeitern, dass du dich bei den Trainings wie eine verschmähte Geliebte verhältst. Deine Kommentare in der Sendung waren auch etwas eigenartig. Außerdem gibt es Gerüchte über dein Privatleben. Was passiert, wenn sich diese Gerüchte mit deinem Verhältnis zu Noel vermengen, weißt du selbst.«

Der Schweiß trat mir auf die Stirn.

»Was für Gerüchte?«, fragte ich. Ich wollte dieses Schwein aus der Reserve locken.

Er stieg nicht darauf ein.

»Ich denke, wir verstehen uns«, sagte er nur. »Wir haben ein paar Nachforschungen angestellt. Als Chef eines großen Formats muss ich schließlich gewappnet sein. Ganz ehrlich, du kannst dich glücklich schätzen, dass wir an dir festhalten.« Er nahm den Telefonhörer zur Hand. »Frau Schinke, bestellen Sie bitte einen neuen Newton-Druck, aber ein anderes Motiv.« Er dachte kurz nach. »Es gibt ein Foto mit einer Nackten in High Heels, die sich an einen Kühlschrank lehnt. Das will ich haben.« Dann legte er grußlos auf. »JJ, ich muss jetzt weiterarbeiten«, sagte er zu mir. »Du entschuldigst mich?«

RUNDE FÜNF

Es war Halbzeit. Als Belohnung für unseren »tollen Einsatz« schmiss der Sender eine gigantische YOU-ARE-A-STAR-VIP-Party, bei der Sponsoren ihre Kunden einladen, Journalisten Fragen stellen, Fotografen Bilder machen, Kamerateams filmen, Teeniemagazine Startreffs abwickeln und Freunde und Familie vorbeischauen durften. Zwecks Publicity kamen auch einige Promis. Sänger, Schauspieler, Moderatoren, Wirtschaftskapitäne und so weiter.

Ich freute mich auf die Party. Ich erhoffte mir Zerstreuung. Die turbulenten Ereignisse der vierten Themenshow hatten mich aufgewühlt. Außerdem konnte ich mich endlich offen mit Lucy zeigen. Ein seltsamer Streit zwischen uns verdarb mir jedoch die Vorfreude auf die Party. Ich hatte sie nur gefragt, was ich anziehen sollte.

»Ich weiß, es ist schwer vorstellbar, aber es dreht sich nicht immer alles nur um dich«, sagte sie.

Ihre Feindseligkeit traf mich vollkommen unerwartet.

»Was ist los?«, fragte ich.

»Ich verliere, das ist los«, sagte sie.

Ich verstand sie nicht. Wir hatten die letzte Show überstanden und endlich unsere Beziehung geoutet. Wir würden zu den Stars einer glamourösen Senderparty gehören. Wir hatten alles unter Kontrolle und gute Aussichten für die Zukunft. Das Leben war schön. Wenn sich jemand beschweren konnte, dann ich. Nicht Lucy, sondern ich hatte mit unserer Aktion JJs Feindseligkeit auf mich gezogen.

»Was ist los mit dir?«, fragte ich.

»Du bist auf einem gigantischen Egotrip. Du hast alles bekommen, was du wolltest, und ich bin jetzt eine Wackelkandidatin.«

»Ich habe dich bekommen. Das ist alles, was ich wollte.«

»Spar dir den Kitsch für deinen nächsten Bühnenauftritt«, sagte sie. »Für wie dumm hältst du mich?« Sie war offenbar ernsthaft sauer. Ihre Vorwürfe waren kein Ausdruck spontaner Verstimmung, sondern entsprangen einer tiefen Unzufriedenheit.

»Dann sag mir, was ich falsch gemacht habe«, sagte ich.

Lucy wirkte etwas milder.

»Im Prinzip nichts. Aber die letzte Show hat gezeigt, dass sich unsere Liebesgeschichte nur für dich lohnt. Zumindest was das Berufliche betrifft. Angeblich bin ich beim Voting nur ganz knapp vor Beth gelegen. Offenbar bin ich für die Leute da draußen das dumme Flittchen, das sich JJs Liebling geschnappt hat, um in seinem Fahrwasser zu punkten.«

»Die letzte Show war eine Ausnahmesituation, mit JJs vernichtendem Kommentar und allem. Wir haben bisher alles richtig gemacht und das müssen wir einfach auch weiterhin tun. Ich werde heute auf der Party nicht von deiner Seite weichen. Ein Foto mit Noel Herzig gibt es nur inklusive Lucy.«

»Jetzt wirst du auch noch gönnerhaft. Wir sind Spielbälle einer Quotenmaschine, und du bist zu abgehoben, um es zu merken.«

Der einzige Vorteil war, dass uns niemand beim Streiten gefilmt hatte. Zerstritten und wortlos gingen wir über den pinkfarbenen Teppich am Eingang zur Party. Fans und Fotografen standen hinter einer rosaroten Kordel. Dort blitzte es unaufhörlich und die Fotografen riefen uns Anweisungen zu.

»Lucy, wirf uns einen Blick über die Schulter zu.«

»Noel, leg deinen Arm um ihre Taille.«

»Los, ihr Turteltauben, gebt euch ein Küsschen.«

Wir spulten das Programm ab, ohne uns in die Augen zu sehen. Sobald wir den Eingang durchschritten hatten, löste sich Lucy von mir und verschwand grußlos im Getümmel.

Sie wird sich wieder beruhigen, dachte ich.

Ich wollte mir den Abend jedenfalls nicht von ihr versauen lassen. Ich mischte mich unters Partyvolk und genoss es, dass alle

Augenpaare auf mich gerichtet waren. Gerade wollte ich zu einem Fernsehmoderator schlendern, den ich bei einem Interview kennengelernt hatte, als mir jemand auf die Schulter tippte. Ich drehte mich um und sah Mike ins Gesicht. Unsere Beziehung hatte trotz unseres guten Starts beim Casting wegen der Konflikte der vergangenen Wochen gelitten. Wie die anderen beobachtete er meine Aktion mit Lucy mit Argwohn.

»Kennst du schon das neueste Gerücht?«, sagte er. »Zwischen JJ und dem Regisseur soll es ordentlich gekracht haben.«

Mich wunderte, dass Mike ausgerechnet mit mir darüber sprechen wollte.

»Wer sagt das?«, fragte ich.

»Es wird hier auf der Party herumerzählt. Ich dachte, du weißt vielleicht mehr.«

»Warum sollte ich mehr wissen?«

»Du bist doch JJs Schatz, oder nicht?«

Darauf lief es also hinaus. Mike wollte keinen Small Talk machen, sondern sticheln. Ich hatte keine Lust, mich ein zweites Mal an diesem Tag zu streiten.

»Keine Ahnung, wie du nach der vergangenen Show auf die Idee kommst, ich wäre JJs Schatz. Ich weiß jedenfalls von nichts.«

»Was tust du, wenn es keinen JJ mehr gibt, der dich durch die Show trägt?«

Das Gerücht, so dramatisch sein Inhalt offenbar war, interessierte mich in diesem Moment nicht. Mich nervte nur dieser besserwisserische Pseudo-Hip-Hopper, der ständig mein Tun und Nicht-tun kommentierte.

»Hör mal zu, du Schlumpf in Umstandsmode«, sagte ich. »Mag sein, dass deine Dorf-Homies in Ehrfurcht erstarren, wenn du deine missgünstigen Frechheiten unters Volk bringst. Aber da, wo ich herkomme, casten wir Eminem-Imitate wie dich höchstens für Hip-Hop-Persiflagen. Deine Hip-Hop-Stilpolizisten in deinem Heimatkaff gehen wenigstens in Würde unter. Du verrätst eure Werte und schaffst es nicht einmal damit ganz nach oben.

Eine gehässige Kreatur wie du braucht sich wirklich nicht über ›Spackos‹ beklagen. Du bist der Oberspacko.«

Besser hätte es JJ auch nicht sagen können, dachte ich. Ich hatte Mike wirklich zum Schweigen gebracht.

»Vielen Dank, ihr beiden, das ergibt einen geilen Clip.«

Es war das Küken Arne. Die kleine Mistfliege hielt ein iPhone in die Luft und ergötzte sich daran, wie ich blass wurde.

»Nur Spaß«, sagte er. Er lachte und wedelte mit dem Handy. »Keine Sorge, es ist nichts drauf.«

Ich verzog mich ins Getümmel, damit ich nicht auch noch über Arne herfiel.

Ich wollte ans andere Ende des Raumes. Auf meinem Weg klopften mir viele auf die Schulter, manche machten Fotos mit ihren Mobiltelefonen oder gaben mir ein Kompliment mit auf den Weg. Das alles war mir egal. Ich wollte nur meine Ruhe.

Als ich Marcel erspähte, kam mir das wie die Rettung vor. Er stand mit seinen beiden Managern Kopelsky und Kopelsky an einem Partytisch in einer Ecke. Niemand wagte sich in die Nähe der drei Gestalten, weil sich alle vor dem Peinlichkeitsvirus fürchteten.

Manche Dinge ändern sich eben nie, dachte ich. Irgendwie tröstete mich das sogar. Die drei waren ziemlich glücklich, als ich mich zu ihnen stellte.

»Na, Marcel, was geht ab?«, sagte ich.

»Ziemlich viel«, sagte Marcel.

»Marcel absolviert derzeit drei Auftritte pro Tag«, sagte einer von den Kopelskys.

»Er ist heute der Überraschungsgast«, sagte der andere.

»Ich bin jetzt so etwas wie ein Star«, sagte Marcel. Er grinste breit und zahnlos.

»Gratuliere«, sagte ich. »Hast du Spaß bei deinen Auftritten?«

Marcels Augen glänzten.

»Da ist immer was los. Seit der Film über mich bei YOU ARE A STAR gelaufen ist, ist es Teil meiner Show, dass mich die Leute mit Essen bewerfen dürfen. Das steht sogar auf der Eintrittskarte.

Manche Veranstalter geben dafür extra Essen aus, das im Ticketpreis inkludiert ist.«

Kopelsky und Kopelsky wurden rot.

»Womit werfen sie?«, fragte ich.

»Ganz unterschiedlich. Meistens mit Popcorn und Knabbereien, manchmal auch mit Maiskölbchen und Oliven. In einer japanischen Karaokebar haben sie mich vor Kurzem mit Sushi beworfen.«

Er schien das lustig zu finden, und ich beneidete ihn für seine Einstellung.

»Wer hätte das gedacht«, sagte ich.

»Na ja, eigentlich war mein Weg vorgezeichnet.«

Ich sah Marcel überrascht an.

»Wie meinst du das?«

»Ich habe JJ schon vor den Castings kennengelernt. Er hat mich erst auf die Idee gebracht ...«

Kopelsky und Kopelsky hatten es eilig ihren Schützling zu unterbrechen.

»Marcel muss auf die Bühne«, sagten sie. »Es hat uns sehr gefreut, Herr Herzig. Wenn Sie ein Management benötigen, melden Sie sich bitte.«

Die Menge johlte und applaudierte, als Marcel die Bühne betrat. Er brachte sein Standardrepertoire. »Underneath Your Clothes« und »My Way«. Während er zu einem schlecht gemischten Party-Playback grölte, bewarf ihn die Menge mit Fingerfood.

Ich trank etwas zu viel und ging erst um drei Uhr zurück ins Hotel. Um sechs wachte ich auf, weil ich kotzen musste. Am Vormittag rief ich Lucy an. Ich hatte sie den ganzen Abend nicht gesehen und nun quälte mich ein komisches Gefühl. Als sie abhob, war ich erleichtert.

»Hallo Lucy, wie geht es dir?«

Nichts.

»Lucy?«

»Ja?«

»Warum sagst du nichts?«

»Was sollte ich sagen?«

»Wo warst du gestern den ganzen Abend?«

»Auf der Party, wo sonst?«

»Warum habe ich dich nicht gesehen?«

Sie schwieg wieder.

»Sag schon, was war los?«

»Ich bin an einem Tisch gesessen und habe geplaudert.«

»Mit wem?«

»Das tut nichts zur Sache.«

»Erzähl es mir trotzdem.«

»Ich war dort mit Moshi Moshi.«

Moshi Moshi war ein Rapper, der einen Charthit nach dem anderen ablieferte. Ich konnte weder seine Musik leiden noch seine Gettoattitüden, seine homophoben Ansagen und seine dummen Klamotten. Es ärgerte mich, dass Lucy ausgerechnet mit so einem herumhing.

»Was habt ihr den ganzen Abend so getrieben?«, fragte ich.

»Geredet.«

»Verkauf mich bitte nicht für dumm, Lucy. Was hast du mit diesem Moshi Moshi einen Abend lang zu besprechen?«

Lucy blieb eiskalt.

»Wir haben zum Beispiel darüber gesprochen, wie toll und talentiert und schön ich bin, und dass er mich am liebsten gleich auf sein Hotelzimmer mitgenommen hätte«, sagte sie. »Und darüber, dass ich es auch aus eigener Kraft, ohne YOU ARE A STAR schaffen könnte.«

»Bitte sag mir, dass du ihm nicht von unserem Deal erzählt hast.«

»Ich musste ihm nichts erzählen. Er kennt das Business. Er hat angeboten, mit mir einen Song aufzunehmen.«

Lucy machte mir Angst.

»Und was jetzt?«, fragte ich verunsichert.

»Nichts. Ich weiß jetzt, dass ich auch ohne dich begehrt sein kann. Jetzt komm zu mir. Ich habe dich vermisst.«

Fünfzehn Minuten später schloss ich sie in die Arme.

Die fünfte Runde von YOU ARE A STAR stand unter dem Motto »Die wildesten Rockklassiker«. JJ schnitt mich die ganze Woche. Ich fragte mich, wie es ihm ging. Vielleicht stimmte ja das Gerücht, das mir Mike zugetragen hatte. Nervöser als sonst betrat ich die Bühne. Ich sang »Highway to Hell« von AC/DC. Das kam mir irgendwie passend vor. JJ quittierte meine Performance mit einem lieblosen Lob.

»Das war ganz okay«, sagte er. »Du hast dich wieder auf deine alten Tugenden besonnen. Weniger Kitsch und mehr Gesang.«

Arne, der »Keep the Faith« von Bon Jovi interpretiert hatte, verriss er so heftig, wie ich es noch nie erlebt hatte. Unser Küken flog prompt aus der Show.

ICH HABE EINEN AIDSKRANKEN GEOUTET

Am Höhepunkt des YOU-ARE-A-STAR-Hypes sollten wir einen Charityball für HIV-Infizierte eröffnen.

Nach dem Streit mit dem Regisseur war ich wieder auf Amphetaminen. Zehn Jahre Abstinenz waren futsch. Ich hatte damit aufgehört, nachdem mich meine Frau deswegen verlassen hatte. Sie hatte ein halbes Kilo Speed in einer ausgehöhlten Brockhaus-Enzyklopädie gefunden. Band 12, KIR bis LAGH. Ohne weitere Diskussion war sie mit den Kindern zu ihren Eltern gezogen. Ein halbes Jahr später war die Scheidung durch gewesen. Bei der Aufteilung der Vermögenswerte hatte Margit das ganze Ausmaß der Katastrophe realisiert. Ich hatte einige Hunderttausend Euro für Speed ausgegeben. Immerhin räumte mir Margit ein großzügiges Besuchsrecht ein, vorausgesetzt, dass ich einen Entzug machen würde.

Vier Wochen lang hatte ich meine Sünden abgebüßt. Schweißausbrüche, Krämpfe, Panikattacken, epileptische Anfälle, Durchfall. Das alles trotz der Medikamente gegen die Symptome des kalten Entzugs. Ich hatte es geschafft, aber nur bis jetzt. Der morbide Karneval der Schwulen, auf dem ich meine Rolle zu spielen hatte, war ohne Speed einfach nicht zu schaffen.

Limousinen mit getönten Scheiben brachten uns zu einem Prachtbau, vor dem uns bereits Dutzende Kamerateams und Fotografen erwarteten. Ich gab ein paar Interviews, posierte, schrieb Autogramme, doch eigentlich konnte ich mir meine Bemühungen sparen. Die ganze Aufmerksamkeit galt Noel und Lucy, die wie zwei verliebte Narren turtelten. Ein Küsschen auf die Wange und ein Klaps auf den Po. Ich hasste diese durchtriebene Schlampe Lucy. Sie hatte die Künstlerseele meiner einzigen wirklich großen Entdeckung versaut. Noel hätte sich auf sein Talent und nicht auf

Inszenierungen zugunsten besserer Quoten konzentrieren müssen. Er hatte damit den Weg zum Erfolg verlassen. Er erlebte nur noch das Vorglühen für einen unerreichbaren Rausch. Bald würde er es selbst bemerken.

Bei mir machte sich Frust breit. Am Eingang zum VIP-Bereich lief ich prompt dem prominenten Ballvater in die Arme, der mich überschwänglich begrüßte. Ich kannte ihn nur aus diversen Klatschmagazinen.

»Hi JJ«, sagte er. »Schön, euch hier zu haben.«

In diesem Moment überrollte mich die erste Speedwelle. Sein Name fiel mir nicht ein. Sein Atem roch nach Whiskey-Cola. Oder doch nach Sperma? Vielleicht hatte er es gerade einer Dragqueen besorgt. Konnte ich mir gut vorstellen. Man erzählte sich wilde Dinge von diesem legendären Charityball.

»Hi«, sagte ich. »Wir sind überglücklich, hier zu sein.«

Die meisten dieser Begegnungen erledigten sich damit. Doch der Ballvater wollte plaudern.

»Joseph ... darf ich Joseph sagen?« Dass er einmal im Jahr Hollywoodstars als Gäste einflog, hatte vermutlich sein Selbstbild verzerrt. Er dachte offenbar, dass sich jeder für ihn interessierte. »Joseph, wir müssen unbedingt einmal mailen. Ich denke, wir haben viele Gemeinsamkeiten.«

»Wie heißt du noch mal, mein Freund?«, fragte ich.

Er sah mich entsetzt an.

»Jimmy Teller«, sagte er. Offenbar suchte er vergeblich nach einem passenden Scherz, der die Situation entkrampfen würde.

»Sorry, Jimmy, ich bin nicht so gut mit Namen. Was du hier auf die Beine gestellt hast, finde ich wirklich beeindruckend.«

Jimmy setzte einen bescheidenen Blick auf, doch noble Zurückhaltung war nicht seine Stärke. Gleich plusterte er sich wieder auf.

»Du bist ein Schatz«, sagte er und umarmte mich wie einen alten Freund. Mir wurde übel. Von seinem Geruch und seinem exaltierten Gehabe.

»Dass du trotz deiner Krankheit so viel Einsatz zeigst, ist wirklich bemerkenswert«, sagte ich. Ich erwartete die totale Verbrüderung. Doch irgendetwas stimmte nicht. Jimmys Miene versteinerte.

»Von welcher Krankheit sprichst du?«, fragte er.

»Aids. Oder HIV«, sagte ich. »Keine Ahnung, wie das bei dir ist. Ist ja nicht dasselbe. Ganz schrecklich, wie die Medien die Dinge vermischen.«

Ich bemerkte, dass wir inzwischen eine Menge Zuhörer hatten. Jimmy kehrte zu meinem Künstlernamen zurück.

»JJ, es ist keineswegs so, dass ich krank wäre.«

Ich war verwirrt.

»Du bist doch der Boss von dieser Aids-Charity hier, oder nicht?«, sagte ich.

Jimmy war sich jetzt offenbar ebenfalls der allgemeinen Aufmerksamkeit bewusst. Er ging auf Distanz.

»Was hat deiner Meinung nach das eine mit dem anderen zu tun?«, fragte er.

Die nächste Speedwelle rollte über mein Hirn hinweg. Ich bemühte mich um ein ungezwungenes Lächeln.

»Tu nicht so«, sagte ich. »Dein Gesicht erzählt eine andere Geschichte.« Früher hatte ich auch auf Speed funktioniert. Das Blitzlichtgewitter und die herbeigeeilten Kamerateams verrieten mir, dass sich das geändert hatte. Ich konnte mich nicht mehr auf meine Intuition verlassen.

Jimmy rang mit der Fassung.

»Was zum Teufel soll mein Gesicht erzählen?« Sein Gesicht sah aus wie ein Totenschädel. Die rechteckige Mund- und Kinnpartie, die Furchen neben den Nasenflügeln, der Vorbiss. »Unterstellst du mir etwa wegen meines Aussehens, ich hätte Aids?«

Ein empörtes Raunen ging durch die Menge. Ein halbes Dutzend Mikrofone war auf uns gerichtet. Das Speed ließ alle Sorgen von mir abfallen. Hatte ich eben noch nach meiner Intuition gesucht, fühlte ich mich jetzt wie ein unverwundbarer Popgott.

»Lass uns darüber reden, Jimmy«, sagte ich. »Wenn es ein Tabu für dich ist, dann lass es uns brechen. Darum geht es doch hier, um Aufklärung. Dafür holst du dir die Kohle von deinen Sponsoren, oder nicht?«

Ein Reporter drängte sich zwischen Jimmy und mich.

»Jimmy«, sagte er. »Stimmt es, dass Sie Aids haben?«

Der Ballvater wirkte wie ein gehetztes Tier.

»Ich verwahre mich gegen solche Behauptungen«, sagte er.

»Wie lange wissen Sie schon, dass Sie HIV-positiv sind?«, fragte ein anderer Reporter.

Die letzten Reste meines klaren Verstandes sagten mir, dass ich mich spätestens jetzt besser entschuldigen und versuchen sollte, aus der Nummer irgendwie wieder herauszukommen. Aber ich war versessen darauf, mit der Wahrheit weiterzumachen.

Alles andere wäre Betrug an mir selbst, dachte ich, Betrug an meinem Ruf und an meinem Publikum. Scheiß auf verletzte Gefühle. So war Entertainment eben.

Ich wandte mich an unsere Zuhörer.

»Ich wollte Jimmy keinesfalls brüskieren.« Jimmys Gesichtszüge entspannten sich. »Vielleicht war auch meine Wortwahl etwas unsensibel.« Jimmy nickte zustimmend. »Doch jeder Konflikt hat etwas Gutes«, sagte ich. »Er lenkt die Aufmerksamkeit auf wichtige Themen.« Jimmy schickte sich an, mich ein weiteres Mal zu umarmen. »Als Symbol für die Bedeutung eines rechtzeitigen HIV-Tests schlage ich vor, dass Jimmy und ich uns gemeinsam testen lassen. Die Menschen sollen sehen, wie einfach das ist.«

Aufgeregtes Raunen in der Presseschar. Wohlwollender Beifall der Umstehenden. Jimmy wurde kreidebleich.

Wusste ich's doch, dachte ich, deine Aidsfresse lügt nicht.

Sollte er es sich beim nächsten Mal eben besser überlegen, wen er mit seinem Small Talk nervte. Es konnte sein, dass der im Vorbeigehen sein Leben zerstörte.

Die Journalisten stürzten sich auf die Sache.

»Wann findet der Test statt?«

»Sind Medienvertreter zugelassen?«

»Wo kann ich mich akkreditieren lassen?«

Mir brach der Schweiß aus.

»Wo ist die nächste Toilette?«, fragte ich Jimmy. Ich musste dringend eine Line nehmen.

»Ist das dein Ernst?«, fragte er. »Jetzt machst du dich aus dem Staub?«

»Was ist hier los?«, tönte es plötzlich aus dem Hintergrund.

Verdammt, dachte ich. Es war die Stimme unseres Pressechefs.

»Gar nichts«, sagte ich. Ich brauchte dringend meine Dosis. »Jimmy und ich planen eine Charityaktion.«

Der Pressemensch atmete auf. Er beugte sich zu mir und senkte die Stimme zu einem Flüstern.

»Ich dachte, du machst Stunk«, sagte er. »Nimm es mir nicht übel, ich hätte wissen müssen, dass ich mich auf dich verlassen kann.«

»Kein Problem! Kannst du mich hier rausboxen? Ich muss dringend aufs Klo und hier ist die Hölle los.«

Er lächelte mir verschwörerisch zu, während die Reporter Jimmy weiter sezierten.

»Meine Damen und Herren, JJ möchte jetzt den Ball genießen. Sie können für morgen Interviews mit mir vereinbaren«, sagte er. Er winkte zwei Bodyguards herbei, die mich aus dem Getümmel schleusten.

Am nächsten Tag erschütterte eine Presseaussendung die Medienlandschaft.

»Ballorganisator und Charityikone Jimmy Teller gesteht HIV-Infektion.«

Trotz der Vorfälle wähnte ich mich fest im Sattel. Selbst meine schlimmsten Feinde innerhalb des Senders mussten zugeben, dass ich die ohnehin schon hohen Quoten von YOU ARE A STAR durch ein paar unbedachte Sager weiter in die Höhe getrieben hatte. Mails aus dem gesamten deutschsprachigen Raum erreichten mich. Es handelte sich vorwiegend um Hassbotschaften. Die

Schreiber nannten mich ein »homophobes Drecksschwein«, ich hätte eine Randgruppe mithilfe der »Seuche HIV« bewusst »an den Pranger« gestellt. Andere appellierten an mein »Feingefühl«, das ich gerade als »Person öffentlichen Interesses« an den Tag zu legen hätte und verlangten eine »ehrliche Entschuldigung« von mir.

Unangenehm war der Vorsitzende irgendeiner Homo-Initiative. Er erklärte in einem offenen Brief, er werde demnächst Informationen über mich veröffentlichen, die meine Äußerungen in einem »neuen Licht« erscheinen ließen. In einem Fernsehinterview wurde er noch konkreter.

»Joseph Jones denkt offenbar, es sei eine Kleinigkeit, als Teil einer diskriminierten Minderheit gebrandmarkt zu werden. Er denkt wahrscheinlich, dass der inzwischen erwiesene Wahrheitsgehalt seiner Aussagen als Entschuldigung reicht. Nun, Wahrheit können wir auch bieten. Mal sehen, wie Joseph Jones dann reagiert.«

Als ich den Typen im Internet suchte, fand ich bloß ein Bild, auf dem er in Lederkluft auf einem Paradewagen stand. Er machte mir Angst. Schließlich verfolgte er die richtige Fährte. Mit Speed versuchte ich, meine Befindlichkeit zu stabilisieren. Ich schnupfte mich von Krisenmeeting zu Krisenmeeting. Hyperaktivität verdrängte Angst. Dieses Prinzip reizte ich bis zur totalen Erschöpfung aus.

Der Pressechef bewunderte meine Standhaftigkeit. An meiner Stelle wäre er schon längst untergetaucht, sagte er. Die Senderleitung sprach mir ihr Vertrauen aus. Sie würde nach all den Jahren nicht an meiner Integrität zweifeln, so die offizielle Erklärung.

In Wirklichkeit konnte ich vor allem deshalb bleiben, weil auch ein Skandal Quote brachte. Inoffiziell galt ich trotzdem als angezählt.

Trost gab es lediglich von ein paar mitteilungsbedürftigen Nazis. Sie gratulierten mir, dass ich »diese aidsverseuchte Scheißhomosau« zum Schweigen gebracht hatte. Für einen Nigger sei ich ein ziemlich cooler Typ.

Ich fotografierte meinen nackten Niggerarsch und hängte das Bild in die Antwortmail. Die Amphetamine machten es möglich. Ich dankte es ihnen, indem ich ihre langfristige Existenz und Vermehrung durch kontinuierliche Ankäufe absicherte.

Für mich ging es endgültig nicht mehr darum, was ich war, sondern nur noch darum, was ich zu verbergen hatte. Fast täglich wurde es mehr.

RUNDE SECHS

Schweine, die in Ställen zusammengepfercht werden, neigen zu Kannibalismus. Sie beißen sich die Ohren und Ringelschwänze ab und gieren nach dem Blut ihrer Artgenossen, weil es angenehm salzig schmeckt. Hühner sind um nichts besser. Eingeschlossen in Legebatterien verstümmeln sie ihre Verbündeten, hacken nach Augen, Federn, Hals und Beinen. Alles nur wegen der Enge, dem schlechten Stallklima und der miesen Ernährung. Dumme Viecher, von denen wir viel hätten lernen können.

Für die letzten Runden von YOU ARE A STAR zogen wir in eine hermetisch abgeriegelte Villa um. Überall hingen Kameras, die uns Tag und Nacht beobachteten.

Ich war schon ziemlich erschöpft, doch mein Glaube an die große Chance, an JJ, an meine Beziehung zu Lucy und natürlich auch an mich war ungebrochen. Dennoch bedeutete die permanente Überwachung eine Wende. Sie war auch für mich eine Grenzüberschreitung. Die Ausstatter der Pop-Herberge hatten nicht nur bei der Überwachung ganze Arbeit geleistet. Die Fassade erstrahlte, der Corporate Identity entsprechend, in Rosarot. Die Farbtöne im Inneren waren zum Glück etwas dezenter, das aber wohl nicht aus Rücksichtnahme auf uns, sondern wegen der Wirkung. Statt Rosarot also Rosé, kombiniert mit Gelb und Türkis.

Die Villa war unser Viehkäfig, in dem wir immer aufeinanderklebten, wenn wir nicht gerade bei Proben oder bei Presseterminen waren. Natürlich gab es für unsere vertraglich festgeschriebene Kasernierung viele vermeintlich selbstlose Gründe. YOU ARE A STAR wolle uns fördern, das Maximum aus uns herausholen und unseren einzigartigen Weg für die Fans erlebbar machen. In Wahrheit ging es natürlich um die Förderung des viehischen Kannibalismus vor großem Publikum.

Ich entwickelte einen Sensor für versteckte Kameras, während sich Lucy weigerte, in unserem Gefängnis Sex zu haben. Manchmal hätte ich gerne onaniert, ließ es aber lieber bleiben. Der Erfindungsreichtum der Kameracrew war unerschöpflich. Schließlich hätte ich beinahe gelernt, mit dem unbehaglichen Gefühl der Dauerbeobachtung zu leben, doch JJ versaute alles.

Ich kam gerade von einer Generalprobe für die sechste Themenshow mit dem Motto »Herzschmerz – die größten Liebeslieder aller Zeiten«, die außergewöhnlich gut gelaufen war. Mein Song war »How Can I Tell You« von Cat Stevens, mein Outfit dafür ein cremefarbener Anzug mit hellblauem Smokinghemd und herzförmigen Manschettenknöpfen. Dazu blaue Schuhe und Handschuhe. Die Maskenbildnerin machte meinen Teint dunkler, sodass ich wie ein Latin Lover in Las-Vegas-Klamotten aussah.

»Wirkt das nicht ein bisschen ... schwul?«, fragte ich die Ausstatterin.

»Was die Schwulen gut finden, ist schon bald an der Spitze der Charts«, sagte sie. »Take That, Madonna, Prince, die sind allesamt Ikonen der Homosexuellen.«

»Ich muss nicht jeden Marketinggag mitmachen.«

»Noel, du siehst wunderbar aus. Ab auf die Bühne.«

JJ, Admiranda und Heiko saßen bereits auf ihren Plätzen, als ich die Bühne erklomm. Auf der Videowall dahinter lief ein Beitrag, auf dem wir Kandidaten von unseren schönsten Liebeserlebnissen erzählten. Nachdem meine Liebesgeschichte mit Lucy nichts Neues mehr war, hatte ich von meinem ersten großen Schwarm erzählt. Sie hieß Heidi, alle fanden sie süß und bescheiden, doch wenn wir uns liebten, schrie sie mit einer tiefen, verdorben klingenden Stimme, so laut, dass ich bei den ersten Malen furchtbar erschrak. Das erzählte ich im Einspieler natürlich nicht.

»Wir haben stundenlange Spaziergänge gemacht«, sagte ich. »Mit ihr konnte ich über alles reden. Sie war nicht nur meine erste große Liebe, sondern auch meine beste Freundin. Ich dachte damals, wir würden für immer zusammenbleiben.«

Der Beitrag zeigte mich, wie ich mit einem Taschenmesser »N + H« in die Rinde eines Baumstammes ritzte und ein Herz drum herum machte. Während der Liveshow würde an dieser Stelle ein »Ooohh« vom Publikum kommen, doch jetzt waren die Zuschauerränge noch leer.

»Okay, Noel, du kannst jetzt loslegen«, rief mir JJ zu.

Der Gitarrist der Liveband zupfte die ersten Akkorde. Ich schloss die Augen, holte tief Luft, führte das Mikrofon zu meinen Lippen und begann zu singen.

How can I tell you that I love you, I love you. But I can't think of right words to say. I long to tell you that I'm always thinking of you.

Langsam öffnete ich die Lider und ging zum Bühnenrand, dorthin, wo ich der Jury am nächsten war. Die Choreografen fanden, dass das einen guten Effekt ergab.

I'm always thinking of you. But my words just blow away. Just blow away.

Den Rest des Liedes bewältigte ich ohne weiteren Positionswechsel. Nur nicht zu viel Pathos. Bei einer vorangegangenen Probe hatte ich diesen Fehler gemacht, weil es eben nur eine Probe war, aber solche Nachlässigkeiten verzieh JJ nicht.

»Du kannst froh sein, dass dieses Studio kein Dachfenster hat, sonst würde der liebe Gott höchstpersönlich auf die Bühne kotzen«, hatte er gesagt. »Du hast geklungen, als hätten sie dir das Arschloch zugenäht und sich die Scheiße jetzt woanders einen Weg bahnen würde.«

Meistens folgte das Publikum JJs Einschätzungen.

Als jetzt, bei der Generalprobe, die letzten Takte von »How Can I Tell You« verhallten, richtete ich meinen Blick auf JJ. Was er bei der Generalprobe zu sagen hatte, musste ich genau verinnerlichen. Dabei ging es weniger um Verbesserungen als um ein Zeichen, dass ich den Juror als weisungsbefugte Instanz akzeptierte. Nach den jüngsten Misstönen in unserer Beziehung wollte ich JJ unbedingt wieder für mich gewinnen.

Bevor JJ das Wort ergriff, waren ausnahmsweise seine Jurykollegen an der Reihe. Der Musikjournalist machte den Anfang.

»Cool Stuff, mein Lieber. Wenn du das auch heute Abend auf die Bühne bringst, hast du deine Favoritenrolle einzementiert. Mir würde nichts einfallen, was du noch besser machen könntest.«

»Sehe ich genauso«, sagte Admiranda, die Ballermannsängerin. »Dein Outfit, deine Stimme, die Intensität, mit der du diesen Song performt hast, alles große Klasse.«

Ich sah JJ tief in die Augen, um eine Gefühlsregung zu erkennen. Das tat ich immer, um mich auf die bevorstehende Rückmeldung vorzubereiten. Feindselige Schlitze, ein Runzeln der Stirn oder verschränkte Arme bedeuteten Vernichtung. Ein sanftes Zucken um die Mundwinkel, hochgezogene Augenbrauen oder ein leichtes Vorlehnen des Oberkörpers signalisierten Zufriedenheit.

Diesmal verrieten mir Mimik und Körpersprache gar nichts. Die Ungewissheit machte mir Angst. Mir wurde bewusst, dass es den früheren Noel, der die Dinge als Mittel zum Zweck betrachtet hatte, nicht mehr gab. Ich war einem verführerischen Versprechen namens YOU ARE A STAR erlegen und nur noch Beifahrer in meinem eigenen Leben. Was würde JJ über mich sagen? Davon schien alles, das mich ausmachte, abzuhängen.

Er sagte gar nichts. Stattdessen stand er auf und klatschte wie bei meinem allerersten Auftritt in die Hände. Diesmal klatschte er so heftig, dass er den ganzen Saal damit erfüllte.

»Mehr habe ich dazu nicht zu sagen«, sagte er mit glänzenden Augen.

Glücklich über seine überschwängliche, wenn auch für mich nicht ganz nachvollziehbare Reaktion verließ ich die Bühne. Ehe ich in die Villa zurückkehrte, schaute ich noch einmal bei den Damen von Garderobe und Maske vorbei. Sie hatten über einen Backstagemonitor zugesehen und gratulierten.

»Am besten hat der Jury wahrscheinlich mein Anzug gefallen«, sagte ich.

Die Damen kicherten.

»Es war besser als das Original«, sagte sie. »Das hättest du auch im Trainingsanzug singen können.«

In der Villa hatte wenigstens jeder Kandidat sein eigenes Zimmer, was mir, als fast 28-Jährigem, sehr entgegen kam. Ich wollte nicht mit aufgekratzten Teenies und unausgegorenen Twens herumhängen, sondern mich auf mein Ziel konzentrieren. Ich zog die Tür hinter mir zu, ließ mich auf die pinkfarbene Couch fallen und schloss die Augen. Keine zwei Minuten später schreckte mich ein penetrantes Klopfen an der Tür auf. Es war JJ. Die Tür ging auf und er stand im Raum. Ich hatte ihn noch nie in der Villa gesehen. Er musste unmittelbar nach mir losgefahren sein.

»JJ, das ist ja eine Überraschung.«

»Ich musste so schnell wie möglich mit dir reden.«

»Habe ich etwas falsch gemacht?«

»Dein Auftritt hat mir die Augen geöffnet.«

»Wie meinst du das?«

»Wir wissen beide, worum es hier geht, also tun wir nicht so.«

»JJ, ich weiß ehrlich gesagt nicht, was ich sagen soll …«

»Du musst gar nichts sagen.«

»JJ …«

»I'm always thinking of you. But my words just blow away.«

JJ hatte die Tür beim Eintreten verriegelt, was mein Unbehagen nun noch verstärkte.

»Ich sollte mich jetzt wirklich erholen. Dein tolles Feedback hat mich überwältigt.«

»Das Leben ist zu kurz für allzu viele Umwege«, sagte er.

Ich fragte nicht nach. Das war auch gar nicht nötig.

»Ich liebe dich«, sagte er.

Ich hoffte inständig, dass es sich bei JJs Geständnis bloß um einen neuen Härtetest handelte, der mich auf den Umgang mit durchgeknallten Produzenten vorbereiten sollte. JJs nächster Satz machte alle Hoffnungen zunichte und offenbarte, was ich tief in mir drinnen schon die ganze Zeit befürchtet hatte.

»Ich habe dich vom ersten Moment an geliebt«, sagte er. »Ich erzähle dir das, weil ich bei deinem heutigen Auftritt gespürt habe, dass es dir genauso geht. Wir haben uns wohl die ganze Zeit über die gleiche Frage gestellt. How can I tell you that I love you.«

JJ ließ sich neben mir auf die Couch fallen. Er roch stark nach süßlichem Parfüm. Mir wurde fast schlecht davon. Sein Gesicht war glatt rasiert. Am Kopf hatte er einen kaum sichtbaren Stoppelkranz, der die Spuren des Alters zeigte, das er mit der Glatze zu verbergen versuchte. Ich wäre am liebsten davongelaufen, doch vor mir lagen noch ein paar Shows, in denen ich von JJs Gunst abhängig sein würde.

»JJ, ich fühle mich wirklich geschmeichelt«, sagte ich. »Du bist eine wichtige Person in meinem Leben, aber ich liebe Lucy. Mit ihr will ich auch in Zukunft zusammen sein.«

»Du brauchst mir nichts vorzumachen«, sagte er. »Ich weiß von eurem Deal. Das ist in Ordnung für mich, ich hatte auch einmal einen Deal mit einer Frau. Sie hieß Margit und wir sind inzwischen geschieden. Aber du brauchst das nicht. Du machst deinen Weg auch so, wahrscheinlich sogar besser. Die Zeiten haben sich geändert.«

»JJ, der Deal mit dem Sender ändert nichts daran, dass ich Lucy liebe.«

»Ich verstehe, was du meinst. Ich habe Margit auch geliebt. Sie war immerhin die Mutter meiner Kinder und immer eine gute Ehefrau. Du darfst nur eins nicht vergessen. Wer mit einer Lüge lebt, zahlt irgendwann den Preis dafür. Ich habe ihn selbst bezahlt und bezahle ihn noch. Du gibst mir den Mut, endlich und vor aller Welt zu mir selbst zurückzukehren.«

JJ war offenbar übergeschnappt. Eine Idee des Regisseurs, der alles durch eine versteckte Kamera aufzeichnete, konnte es ja wohl kaum sein.

»Du verarschst mich, oder?«, sagte ich.

JJ schwieg.

»Bitte sag mir, dass du mich verarschst.«

JJ packte mich mit der rechten Hand am Nacken und zog meinen Kopf in seine Richtung. Seine fleischigen Lippen klebten an meinem Gesicht. Seine Zunge drängte zwischen meine fest verschlossenen Lippen. Ich konnte weder schreien, noch mich aus seiner Umklammerung lösen.

Nein, dachte ich. So weit gehe ich nicht. Ich richte vielleicht mein Handeln, mein Denken, mein Fühlen nach dieser Show aus, aber ich lasse mich nicht von einem Juror ficken, bloß weil er mächtig ist. Mit aller Kraft biss ich JJ in die Lippe.

Er schrie auf und taumelte vom Sofa weg. Unter der Hand, mit der er sich an den Mund griff, drang Blut hervor. Ich hatte ihn offenbar übler erwischt als geplant. Ich stürzte ins Bad, um mir selbst den Mund auszuspülen und mir das Gesicht zu waschen. Mir ekelte vor dem Blut dieses Typen. Ich wollte mir auf keinen Fall eine Krankheit holen, nur weil ich einen Mann aus Notwehr in die Lippe gebissen hatte. Draußen hörte ich Glas klirren. Ein Stuhl flog gegen die Wand neben der Badezimmertür. Mir war alles egal. Ich wollte nur den metallischen Geschmack von JJs Blut in meinem Mund loswerden.

»JJ, beruhige dich bitte«, rief ich dazwischen. »Es ist nichts Persönliches.«

»Nichts Persönliches?« JJ schnaufte verächtlich. »Du hast mit meinen Gefühlen gespielt. Du hast mich benutzt. Da hast du dir den Falschen ausgesucht!«

»Ich habe in dir nie etwas anderes als einen Mentor und Freund gesehen und ich wäre niemals auf die Idee gekommen, dass du dir etwas anderes wünschen könntest.«

Am roséfarbenen Teppichboden leuchteten ein paar Blutflecken.

»Der Sender will mich loswerden und du sollst mich mürbemachen«, sagte JJ. »Ist es das?«

»Das ist Unsinn, JJ. Was ist los mit dir? Ich liebe Lucy. Mehr kann ich dir nicht sagen.«

JJs Lippe hörte nicht auf zu bluten.

»Soll ich dir einen Krankenwagen rufen?«, fragte ich.

»Halt einfach nur den Mund«, sagte JJ. »Ab jetzt weht hier ein anderer Wind. Ich zeige dir, wer hier mit wem spielt. Wehe, du erzählst irgendjemandem, was hier vorgefallen ist. Dann sorge ich dafür, dass du noch im gleichen Moment rausfliegst.«

JJ lächelte arrogant. Er ließ die Hand vom Mund sinken. Mit all dem Blut sah er aus wie eine Bestie, die gerade ein Stück Wild gerissen hatte. Er leckte sich über die Lippen, wohl um zu befühlen, wie schlimm die Verletzung ausgefallen war.

Eine Bestie, die sich selbst verspeist, dachte ich.

JJ riss an der Tür. Offenbar hatte er vergessen, dass er uns eingeschlossen hatte. Ich musste lachen und wusste selbst nicht warum. JJ bekam die Tür auf und wandte sich noch einmal zu mir um.

»Nur wer aufrichtig liebt, kann auch aufrichtig hassen«, sagte er. Er stürmte aus dem Raum und knallte die Tür hinter sich zu.

Mich übermannte eine quälende Übelkeit, die wohl vom Geschmack des Blutes herrührte. Ich schenkte mir ein Glas Mineralwasser ein und setzte mich auf die Couch.

In was für einen Wahnsinn bin ich hier geraten, dachte ich. Dieser Irre wollte mich tatsächlich verführen, und das auch noch in den dauerüberwachten Räumen der Villa. Ich war schockiert, angewidert, verzweifelt. Tausend Fragen schwirrten durch meinen Kopf. Hatte jemand den Vorfall mitbekommen? Würde sich JJ an mir rächen? Wie würde Lucy reagieren, wenn sie von all dem erfuhr? Wie kam JJ überhaupt darauf, dass ich auf Männer stand?

Ich nahm meinen iPod, stöpselte meine Ohren zu und versuchte, mich mit einem Song zu beruhigen. Die Zufallswiedergabe warf »Rock 'n' Roll Suicide« von David Bowie aus.

You're too old to lose it, too young to choose it.
And the clock waits so patiently on your song.
You walk past a cafe but you don't eat when you've lived too long.
Oh, no, no, no, you're a rock 'n' roll suicide …

Ich hielt das für ein schlechtes Omen.

Die Themenshow »Herzschmerz – die größten Liebeslieder aller Zeiten« begann mit einer Lüge des Moderators.

»Unser Chefjuror JJ wird heute ein paar Schwierigkeiten dabei haben, seine Meinung kundzutun. Er hatte einen kleinen Unfall mit fatalen Folgen für sein loses Mundwerk. JJ, was ist passiert?«

»Was soll ich sagen? Sport ist Mord«, erklärte JJ mit etwas lahmen Lippen.

Gekünsteltes Gelächter bei Moderator und Jurykollegen.

»Ich war gestern Baseball spielen. Eine Leidenschaft, die ich von meinem amerikanischen Vater geerbt habe. Ich wollte ein bisschen meinen Abschlag üben. Tja, der Pitcher hatte einen ziemlich harten Wurf und ich bin wohl falsch zum Ball gestanden.«

Nun brach das Publikum in Gelächter aus. JJ zeigte auf seine Oberlippe. Ein Kameramann stürzte herbei, um eine Nahaufnahme auf die Videowall zu zaubern. Eine winzige Naht hielt seine Wunde zusammen, der umliegende Gesichtsbereich war leicht geschwollen.

»An alle Kinder da draußen«, sagte JJ. »Nehmt euch kein Beispiel an Onkel Joseph und spielt lieber Fußball.«

Damit war das Thema abgehandelt. Der Eklat am Nachmittag, von dem nur JJ und ich wussten, würde sich nicht so leicht vom Tisch wischen lassen.

»How can I tell you?«, sagte JJ nach meinem Auftritt. »Am besten ganz direkt. Das war Scheiße hoch drei. Allein dein theatralischer Gesichtsausdruck. So habe ich vielleicht als Kind geglotzt, wenn mir der Doktor des Heidelberger Militärstützpunkts ein Fieberzäpfchen in den Arsch geschoben hat. Wer hat eigentlich dein Outfit ausgesucht? Du siehst aus wie eine aufgerüschte Kampflesbe auf einer Nostalgiesause.«

Ich wusste, dass Gegenwehr sinnlos war, und ließ die Beschimpfungen einfach über mich ergehen.

»Mach dir nichts draus«, sagte der Moderator und entließ mich in den Backstagebereich.

Ich kam trotzdem weiter, Lucy nicht. Sie hatte auf jegliches Kalkül gepfiffen und mich bei meinem Abgang von der Bühne, vor ihrem eigenen Auftritt, umarmt und geküsst. Das Publikum warf sie aus der Show.

»Was sagen Sie zu dem Ergebnis?«, fragte mich eine Journalistin nach der Sendung.

»Das hier ist alles Scheiße. Am liebsten würde ich alles hinwerfen und in mein altes Leben zurückkehren.«

»Warum tun Sies nicht?«

»Weil ich gegenüber meinen Fans eine Verpflichtung habe. Die können ja nichts dafür, dass die YOU-ARE-A-STAR-Crew so eine miese Bagage ist«, sagte ich.

»Darf ich Sie damit zitieren?«

»Gerne.«

ICH BEKAM EINE LETZTE CHANCE

Irgendwann rief mich der Senderboss in sein Büro. Normalerweise traf ich nur Rolf, den Regisseur. Dass diesmal der Boss höchstpersönlich ein Meeting wollte, war ungewöhnlich.

»Schön, dass wir uns wieder einmal sehen. Leider ist der Grund für unser Zusammentreffen betrüblich.«

Ich sah Herrn Hobel – so hieß der Senderboss – fragend an.

»Sie haben uns in den vergangenen Tagen ziemlich in Bedrängnis gebracht.«

Er lachte, doch es war kein freundliches Lachen. Es stand nicht gut um mich. Die Leute verloren den Respekt vor mir.

»Eine gewisse Exzentrik hat im Popgeschäft noch nie geschadet«, sagte ich.

»Lieber JJ, verzeihen Sie mir bitte, wenn ich offen mit Ihnen rede. Ich erwarte von Ihnen keine Exzentrik. Sie müssen einfach nur funktionieren. Ihre Rolle ist die des Bad Cop. Sie sind ein musikalischer Schleifer, der unseren jungen Talenten Beine macht. Die Exzentrik müssen Sie, wenn schon, den Kandidaten überlassen. Die Kandidaten müssen einzigartig sein, und ihrer Einzigartigkeit haben Sie sich unterzuordnen. Von Ihnen erwarten die Leute Stabilität und Sicherheit.«

Er sprach ganz nüchtern, ohne den süffisanten Unterton, den Rolfs Standpauke ausgezeichnet hatte. Herr Hobel ärgerte sich nicht über mich, er wollte bloß mein Verhalten nicht akzeptieren. Er wollte seine Perspektive zu meiner machen, wie er es in zahlreichen Vorstandssitzungen und Eigentümerversammlungen gelernt hatte. Er bot mir eine Chance, doch statt sie zu ergreifen, entschuldigte ich mich kurz und zog mir am Klo eine Line Speed rein.

»Bei allem Respekt für Ihre Analyse möchte ich doch festhalten, dass ich ein wesentlicher Erfolgsfaktor der Show bin.«

»Sie sind tatsächlich ein Erfolgsfaktor«, sagte er. »Aber nur, wenn Sie die Ihnen zugedachte Rolle spielen. Wir haben sie Ihnen am Anfang erklärt und weil Sie unsere Regieanweisungen mit unbeirrbarer Konsequenz befolgt haben, ist aus der Neben- eine Hauptrolle geworden. Verstehen Sie, was ich meine?« Herr Hobel legte seine Hände auf den dicken Bauch. Der oberste Hemdknopf unter seinem Krawattenknoten war geöffnet.

Ich verstand, was der Boss meinte. Die emotionslose Art seines Vortrages entwaffnete mich.

»Ich habe nie jemanden gespielt, der ich nicht war. Insofern war JJ immer die Rolle meines Lebens«, sagte ich.

»Denken Sie an James Bond«, sagte er. »Er war für sechs Schauspieler die Rolle ihres Lebens.«

Ich beschloss, einzulenken. Ein Leben ohne YOU ARE A STAR wäre mein Untergang gewesen. Ich wollte nur noch wissen, was dahintersteckte. Ob es nur der Ausrutscher am Aidsball oder noch etwas anderes war.

»Unsere Zusammenarbeit liegt mir am Herzen«, sagte ich. »Deshalb würde ich gern wissen, was genau aus Ihrer Sicht schiefgelaufen ist.«

»JJ, muss ich Ihnen das wirklich erklären?«

»Ich kann mir nicht vorstellen, dass es nur der kleine Fauxpas beim Charityball war.«

»Nur ...?!«

Mein Gott, woher nahm er diese moralische Entrüstung? Er hätte Mutter, Vater, Frau und Kind mit Mengenrabatt verkauft, wenn er dafür ein Nummer-eins-Abo im täglichen Quotenspiegel bekommen hätte. Nun kritisierte er mich wegen eines hochgekochten Pseudoeklats bei einem Schwulenball. Es war, als würde eine Hure über die Unbefleckte Empfängnis referieren oder ein Mörder gegen Sterbehilfe demonstrieren. Jahrelang hatte er von meinem Image als kontroverse Figur mit profitiert. Während mich irgendwelche moralinsauren Journalisten durch die Klatschspalten geprügelt hatten, war dieser Sesselfurzer an seinem Designerschreibtisch gesessen und hatte sich darüber gefreut, dass ich die Drecksarbeit erledigte. Nun, da ich zum ersten Mal seine Rückendeckung brauchte, ließ er mich zappeln. Wo Licht, da Schatten. Das mussten Typen wie er eigentlich verstehen. Sie sahen oft genug den Arsch des Publikums, das vor misslungenem TV-Schrott die Flucht ergriff und lieber YouPorn schaute, in Partnerbörsen surfte und Kinder verprügelte. Räumten sie deshalb gleich ihre Bonzenstühle? Natürlich nicht. Aber mich strafte er bei meiner ersten Verfehlung rigoros ab.

»Ich fürchte, Sie denken noch immer, dass Ihr verbaler Ausraster auf dem Ball eine brillante Quotenstrategie war. Doch wissen Sie, welche Inhalte auch Quote bringen? Gewaltverbrechen, Sexskandale, Politaffären. Sind die Verursacher von ihrer Verantwortung entbunden, nur weil sie für ihre Fehlleistungen mit Publizität belohnt werden?«

Herr Hobel war wirklich ein kultivierter und äußerst eloquenter Mann. Mein Blick fiel auf seinen rechten Manschettenknopf, auf dem sich ein großes H befand. Ich wartete kurz, bis er mir auch seinen linken zuwandte. Ebenfalls ein H. Offenbar hatte er auch im Privatleben keinen Vornamen. Ich schwieg.

»Verstehen Sie, worauf ich hinaus will?«, fragte er. »Der Schmutz, mit dem Sie dieses Format beworfen haben, tropft jetzt von der pinken Fassade unserer heilen Popstarwelt, und dieser Sender ist nicht nur YOU ARE A STAR. Der Schmutz versaut auch den unschuldigen Rest.«

Nun, da er meinen Ausritt in so ein apokalyptisches Gesamtszenario bettete, fühlte ich mich schuldig. So global hatte ich die ganze Sache noch nicht gesehen. Es war wohl angebracht, mich zu entschuldigen.

Noch ehe ich ein Wort des Bedauerns herausbrachte, fuhr der Senderboss fort.

»Es ist nicht nur diese Sache«, sagte er. »Wir haben ein paar Informationen über Sie, die uns nachts nicht mehr ruhig schlafen lassen.«

Schon wieder so eine Andeutung. Mir wurde heiß.

»Was Sie privat tun, geht uns prinzipiell nichts an«, sagte er. »Doch wenn wir davon Kenntnis erlangen, dass Sie mit Suchtgift oder anderen verbotenen Substanzen zu tun haben, müssen wir die nötigen Konsequenzen ziehen. Unsere Anwälte wissen bereits Bescheid.«

Ich markierte den Empörten.

»Wer verbreitet solche Gerüchte?« Das Speed unterstützte mich in der glaubhaften Interpretation meines Dementis, doch Herr Hobel blieb unbeeindruckt. Er sah mich wie ein strenger Professor an, der die Lügen seines Schülers sofort durchschaute.

»Woran ist eigentlich Ihre Ehe gescheitert?«, fragte er.

»Wollen Sie damit andeuten, ich hätte meine Familie für Drogen verlassen? Jetzt gehen Sie zu weit. Wer so etwas behauptet, hört von meinen Anwälten.«

Zum ersten Mal seit Beginn unseres Gesprächs zeigte sich der Senderboss beeindruckt. Rechts- und Geldmittel waren offenbar die einzigen Instanzen, von denen er sich einschüchtern ließ.

»Dann wäre da noch die Sache mit Noel.«

»Welche Sache?«

»Man sagt ...«

»Wer ist ›man‹?«

»Ich wäre Ihnen dankbar, wenn Sie mich ausreden ließen. Es heißt, dass Sie Gefühle für junge Männer hegen.«

Skandalnudel, Drogensüchtiger und heimlicher Schwuler. Schlimm genug, dass sie so etwas von mir dachten. Dass alles auch noch stimmte, machte die Sache zu einer Katastrophe.

»Zu so einem Unfug äußere ich mich nicht«, sagte ich. »Schmeißen Sie mich meinetwegen aus der Show, wenn Sie mich wirklich für so ein großes Problem halten.«

»Ich gebe Ihnen noch eine Chance«, sagte Herr Hobel. »Zeigen Sie mir Ihre alten Tugenden. Ich will etwas von Ihnen sehen, das uns auch ohne Skandal in lichte Höhen katapultiert. Schnappen Sie sich einen Beitragsgestalter und zeigen Sie, was in Ihnen steckt. So, wie in den guten alten Zeiten. Erinnern Sie sich noch, als Sie die Muslima gezwungen haben, halb nackt aufzutreten? Das hat uns politisch relevant gemacht.« Er klatschte vergnügt in die Hände. »So etwas brauchen wir jetzt wieder. Sie kriegen von mir einen Joker. Egal, was Sie tun, wir gehen damit auf Sendung. Niemand redet Ihnen drein. So schnell lasse ich alte Weggefährten nicht fallen. Ich glaube an Sie, Joseph. Nun liegt es an Ihnen. Mehr kann ich nicht tun.«

Noch während er das sagte, hatte ich eine Idee. Moana. Es war grausam, aber notwendig. Ich kannte inzwischen ihre Geschichte. Nach ihrer Rebellion wegen der Bademode hatte ich sie beiseitegenommen und sie hatte mir alles erzählt. Es war eine schreckliche Geschichte, so schrecklich, dass ich sie danach um Verzeihung gebeten hatte.

»Das habe ich nicht wissen können, Moana«, war meine Rechtfertigung gewesen. Danach hatte Moana mit meinem Einverständnis immer zufällig gefehlt, wenn es um nackte Haut gegangen war. Oder es war ein Hüfttuch für sie bereitgelegen. Ein Bikinitop akzeptierte sie, doch vom Nabel abwärts war Tabuzone.

Ich sorgte dafür, dass sie etwas zu viel Prosecco trank, ehe ich ihr meinen Plan darlegte. Sie weinte wie damals, als sie mir ihre Geschichte erzählt hatte, doch ich konnte mich davon nicht beeindrucken lassen.

»Moana«, sagte ich. »Du weißt doch, dass du eine Wackelkandidatin bist.«

»Ich bin doch schon so weit gekommen«, sagte sie unter Tränen. »Warum sollte es das Schicksal nicht mehr gut mit mir meinen?«

»Es gibt kein Schicksal, und wenn doch, dann heißt es Joseph Jones. Vertrau mir bitte. Solange du meinen Anweisungen folgst, geht alles gut.«

»Es ist schon alles gut gegangen«, sagte sie. »Ich kann jederzeit aussteigen und etwas aus meinem Erfolg bei der Show machen.«

»Probier es. Du wirst dich wundern. Du bist ein Nichts. Niemand wartet auf dich. Die Leute warten nicht einmal auf den

Sieger von YOU ARE A STAR. Sie lieben nur euren Weg dorthin. Du bist nichts weiter als die Endung einer Mehrwertnummer, mit der sie via SMS und Kurzanruf Scharfrichter spielen. Wenn du Glück hast, fängst du nach der Show wieder bei null an. Viel wahrscheinlicher ist, dass du von nun an stigmatisiert bist. Wenn in deinem Lebenslauf steht, dass du Kandidatin in der x-ten Staffel von YOU ARE A STAR warst, nimmt dich keiner mehr ernst. Sie werden die Augen verdrehen und den Kopf schütteln. Es gibt sie tatsächlich, diese Idioten, die sich im Fernsehen zum Affen machen, werden sie denken. Vielleicht schaffst du es in irgendeinen Hintergrundchor, wo der Text, den du dir merken musst, ›uh‹ und ›ah‹ lautet. Irgendwann nimmst du alles, was mehr als hundert Euro bringt, weil dich irgendein Hobbyregisseur, der sich als Broadwayproduzent ausgegeben hat, geschwängert hat. Das ist die Wahrheit. Stell dich ihr.«

Moana sah mich entsetzt an. Offenbar hatte ich ihre Zukunft drastisch genug geschildert. Sie wackelte, das spürte ich.

»Was ist die Alternative?«, fragte sie. »Wenn die Leute nicht einmal auf den Sieger warten, warum sollte ich dann für den Sieg meine Würde opfern?«

»Es geht um Wahrscheinlichkeiten«, sagte ich. »Der Sieger hat eine Chance von sagen wir einmal zwanzig Prozent, eine ordentliche Karriere in der Musikbranche hinzukriegen. Zwischen null und zwanzig Prozent liegen Welten. Dafür lohnt es sich zu kämpfen. Willst du Noel einfach gewinnen lassen? Wenn du mitspielst, bin ich auf deiner Seite.«

Sie weinte noch ein bisschen. Dann gewann sie ihre Fassung zurück und spielte starkes Mädchen.

»Ich soll also alles erzählen?«

»Natürlich. Die Leute werden dich lieben.«

»Wann?«

»Wir zeichnen jetzt gleich auf. Ich habe das Kamerateam schon bestellt. Wir bereiten für die nächste Show einen Einspieler vor.«

»Du wusstest doch gar nicht, ob ich mitmache.«

»Im Prinzip war mir das egal. Wenn du die Story nicht erzählt hättest, hätte ich es getan.«

»Das wäre ein schwerer Vertrauensbruch gewesen.«

»Wir sind an einem Punkt, an dem mich Vertrauen einen Scheißdreck interessiert. Mit so einem Mist kannst du dich bei einem schamanischen Wochenende oder in einer Familienaufstellung befassen, aber nicht bei mir.«

»Arschloch.«

»Sehr schön, wir haben uns verstanden.«

RUNDE SIEBEN

Lucys Rauswurf hatte eine gute Seite. Ich wusste jetzt mit absoluter Sicherheit, dass ich sie wirklich liebte. Meine Gefühle waren nicht bloß Berechnung gewesen. Das erkannte ich an den Emotionen, die mich nach Lucys Auszug aus der Villa quälten. Ich fühlte mich alleingelassen, orientierungslos, den Tücken des Showalltags hilflos ausgeliefert.

Unser gemeinsamer Plan hatte bislang die Richtung vorgegeben. Nun zweifelte ich an der Sinnhaftigkeit meiner Mission. Wieso sollte ich eine Karriere im Showbusiness anstreben, wenn ich sie dann ohne Lucy bestreiten musste?

Bei ihrem Abschied aus der Villa hatte ich sogar geweint. Die Kameras hielten alles fest. Mit dem Ärmel ihres Pullovers hatte Lucy meine Tränen abgewischt. Ihre Bewegungen waren mechanisch und ihre Hände eiskalt gewesen. Ich wusste, dass Lucy nur für mich stark war. Umso schwächer fühlte ich mich ohne sie. Die Hinweise verdichteten sich also, dass ich nach wie vor ein menschliches Wesen war. Am Telefon erzählte ich Lucy von meinen Beobachtungen.

»Jetzt, wo du weg bist, spüre ich mich viel intensiver. Findest du das schlimm?«

»Das ist nur normal«, sagte sie.

»Ich träume wieder. Hauptsächlich von dir. Wenn ich aufwache, zittere ich. Dann würde ich am liebsten weinen.«

»Ich bin nur aus einer Castingshow geflogen und nicht tot«, sagte Lucy mit fester Stimme. »Du musst jetzt für mich mit kämpfen.«

»Aber ohne dich hat das alles keinen Sinn …«

Sie unterbrach mich.

»Sei nicht pathetisch.« Lucys Stimme klang fast ein bisschen spöttisch. »Bereite dich lieber auf die Show vor, anstatt ständig an mich zu denken.« Sie legte eine kurze Pause ein. »Ich würde es genauso machen.«

Dass Lucy so gefasst war, irritierte mich. Doch ich nahm ihre Worte ernst.

Am nächsten Tag rief mich der Regisseur zu sich. »Regisseur«. Keiner von uns hatte ihn je gesehen. Ich wusste nur, dass er Rolf hieß.

Vielleicht hat er sich eine gewisse Anonymität ausbedungen, damit seine Freunde von der Filmhochschule nicht mitbekommen, wo er gelandet ist, dachte ich.

Ein Fahrer mit einem weißen Skoda holte mich ab. Keine Spur von Corporate Identity.

»R«, hauchte eine weibliche Computerstimme, als ich die Magnetkarte, die ich am Eingang zum Sender bekommen hatte, an das Lesegerät am Drehkreuz hielt. Also nahm ich, inzwischen von gleich zwei Begleitern flankiert, den Aufzug R, der mich direkt ins oberste Stockwerk brachte.

Auf einem kleinen Plasmabildschirm neben der Stockwerksanzeige liefen die aktuellen Trailer des Senders in Dauerrotation. Meine zwei Begleiter interessierten sich nicht dafür. Sie starrten an die verglaste Decke der Kabine, während ich mir einen Pickel ausdrückte. Für mich war das ein kleiner Akt der Rebellion, den ich gleichzeitig schwachsinnig fand. Ich spürte, dass die Dinge aus dem Ruder liefen, seit Lucy rausgeflogen war. Die Coolen hier waren eindeutig meine Begleiter. Sie suchten im Deckenspiegel kurz Blickkontakt und lächelten sich wissend zu. Sie zuckten nicht einmal mit der Wimper, als ich am Plasmabildschirm auftauchte.

In dem Werbespot für YOU ARE A STAR hob ich meinen Arm und streckte ihn gen Himmel. »Hol den Mädchen die Sterne vom Himmel«, hatte mir der Kameramann damals zugerufen. Ich schloss die Hand, als hätte ich gerade einen Apfel gepflückt. Ein sexy Blick in die Kamera, ein Lächeln, ein beiläufiges Zwinkern. Als ich die Hand wieder öffnete, flog daraus ein rosaroter Stern dem Publikum entgegen.

Es folgte JJs Auftritt. In bester John-Wayne-Manier durchschritt er das Bild. Abrupte Körperdrehung, ein aufreizender Blick in die Kamera und dann seine Ansage: »You are a Star.«

Der Aufzug fuhr ziemlich langsam, was ich daran erkannte, dass es mir normalerweise die Ohren verschlug. Das hatte vermutlich System. Wer hinauf wollte, dem sollte das Hirn möglichst lange mit Eigenwerbung gewaschen werden.

»Hier«, sagte einer der beiden Aufpasser, als wir oben ankamen. »Du musst hier rechts durch die Tür.«

Überall im Büro des Regisseurs hingen Akte. Aquarelle, Bleistiftzeichnungen, Ölbilder, Collagen und ein riesiges Foto. Bei der Wahl von Stilmitteln war er offenbar flexibel. Hauptsache Adamskostüm.

Das Foto war eine großflächige Reproduktion einer Helmut-Newton-Fotografie. Ein Model in einem Regiestuhl. Das war wohl die thematische Eselsbrücke, mit der er seinen Voyeurismus rechtfertigte.

Immerhin bewies er mit diesem Bild Geschmack. Das Mädchen sah interessant aus. Sie trug hochhackige Schuhe, in der rechten Hand glühte eine Zigarette. Die Beine waren gerade so weit gespreizt, dass ihre Schamhaare zu sehen waren. Sie war nur schlampig geschminkt. Das machte sie irgendwie greifbar. Kein abgehobenes Fabelwesen, das nur für Schauspieler, Rennstallbosse und Modelkollegen zu haben war. Der Druck war beschädigt. Vielleicht war der Elektriker mit der Leiter dagegen gekippt, als er die Deckenlampen gewechselt hatte. Der Kratzer auf dem Kunstwerk und die Frau passten irgendwie zusammen.

Ich mochte den Regisseur auf Anhieb. Er telefonierte noch und ließ mich kurz warten, doch sobald er den Hörer aufgelegt hatte, begrüßte er mich wie einen alten Freund. Er stand auf und umarmte mich heftig, wie einen verlorenen Sohn, den er endlich an seine Brust drücken konnte. Seine Oberarme waren muskelbepackt, und als er mich an sich drückte, spürte ich den durchtrainierten Trizeps unter dem Hemd.

»Jungs, lasst uns bitte für einen Augenblick allein, wir müssen hier etwas Persönliches besprechen«, sagte Rolf zu meinen Begleitern. Die nickten ehrfürchtig und stapften zur Tür.

Das gefiel mir. Ein privates Gespräch zwischen zwei Erfolgstypen. Wahrscheinlich wollte der Regisseur mit mir die Strategie für die finalen Themenshows besprechen. Gut möglich, dass er in Noel Herzig ein besonderes Talent sah, so wie JJ, ehe ihm irgendetwas das Hirn oder das Herz oder was auch immer vernebelt hatte. Ich rechnete mit ein paar Tipps unter vier Augen. Das Publikum war schließlich unberechenbar.

»Noel, du hältst dich für etwas Besonderes, oder?«, fragte der Regisseur.

»Eigentlich schon, sonst wäre ich nicht hier.«

»Du hast da ein entscheidendes Detail vergessen.«

»Ja?«

»Du bist bei YOU ARE A STAR, weil wir dich für etwas Besonderes halten.«

Erst jetzt begriff ich, dass hier ein Gespräch wieder mal in die falsche Richtung lief. Doch ich hegte noch immer keinen Zweifel daran, dass der Regisseur und ich im Prinzip auf einer Wellenlänge lagen.

»Was willst du mir damit sagen?«, fragte ich.

Ich duzte ihn und hoffte, dass es richtig so war. Er hatte mich auch geduzt, und alle in der Medienbranche duzten sich.

»Dass du dich auf dünnem Eis bewegst, wenn du denkst, du hättest es in der Hand.«

»Habe ich auch. Ich bin Noel Herzig, es ist mein Leben und es sind meine Auftritte.«

»Das schon. Aber wir entscheiden, welche Rolle dieser Noel Herzig in unserer Show spielt.«

»Dass all die Mädchen da draußen auf mich stehen, das habt auch ihr beschlossen?«

Er musterte mich interessiert.

»Noel?«

»Ja?«

»Sie stehen tatsächlich auf dich, weil wir es so geplant haben.«

Noel Herzig, ein Produkt, geboren aus seiner Fantasie. Dieser Typ war im Machtrausch, irgendjemand musste ihm das mal klarmachen. Rolf kam mir zuvor.

»Ich weiß, dass du dich für unglaublich reflektiert, intellektuell und abgebrüht hältst«, sagte er. »Du glaubst, dass du im Grunde für all das hier zu gut bist. Deshalb erlaubst du dir in der ersten Emotion ein beschissenes Interview. Du denkst, du durchschaust uns. Aber wir haben dich schon durchschaut, bevor du den ersten Ton gesungen hast.« Der Regisseur hatte sich in Rage geredet. »Noel, es ist nicht so, dass du uns schaden könntest. Wir haben keine Angst vor dir. Das Problem ist relativ simpel. Du gehst uns schrecklich auf die Nerven. Eigentlich müssten wir uns auf das große Finale vorbereiten und du pisst uns in dieser entscheidenden Phase ans Bein.«

»Hör mal zu ...«, sagte ich.

»Nein, hier hört nur einer zu, und das bist du. Ich habe dieses Scheißformat groß gemacht, deshalb gibt es nur einen, der hier eine große Lippe riskieren kann, und das bin ich.«

Wäre er eine Comicfigur, käme jetzt Dampf aus seinen Ohren, dachte ich.

»Wegen dir haben wir Probleme mit den Medien. Die haben keinen Respekt mehr vor uns, weil nicht einmal unsere eigenen Kandidaten Respekt zeigen.«

»Das war nur ein Ausrutscher ...«

»Das interessiert mich nicht. Deine Aufgabe hier wäre relativ simpel gewesen. Singen, gut aussehen und Schluss.«

Wieso sprach er auf einmal in der Vergangenheitsform? Ich hatte mich anscheinend komplett verkalkuliert.

»Was soll das heißen?«, fragte ich.

»Das heißt, dass du raus bist. Verschwinde aus meinem Büro. In einer Stunde geht die Presseaussendung an die Medien.«

Er hob seine Stimme in Richtung Tür.

»Jungs, ihr könnt reinkommen, wir sind fertig.«

Die beiden Kerle winkten mich hinaus.

»Wir können doch über alles reden«, sagte ich kleinlaut.

»Zum Reden haben wir keine Zeit, Noel. Du bist einer von sehr vielen Kandidaten, die wir hier im Laufe der Jahre durchgeschleust haben. Mit keinem haben wir ›über alles geredet‹. Warum sollten wir ausgerechnet bei dir damit anfangen? Jetzt entschuldige mich. Ich muss arbeiten.«

Ich konnte nicht glauben, was gerade geschah.

»Lucy und ich hatten mit euch eine Vereinbarung, und jetzt ist zuerst Lucy weg und dann ich?«

»Lucy kommt statt dir zurück. Machs gut, Noel. Aus dir hätte etwas werden können.«

Meine Begleiter klopften mir ruppig auf die Schulter. Wie in Zeitlupe ging ich zur Tür. Ich hoffte noch, dass alles ein Scherz oder eine Warnung war und der Regisseur mich gleich wieder zurückrufen würde. Doch er hing schon wieder am Telefon.

Im Aufzug hätte ich am liebsten den Plasmabildschirm eingeschlagen. Meine Begleiter gaben sich derweil keine Mühe, ihren Hohn zu verbergen. Statt über den Spiegel mimische Codes auszutauschen, grinsten sie mir unverhohlen ins Gesicht.

Eben noch der Superstar der Zukunft und jetzt verspottet von zwei stumpfsinnigen Gorillas, auch das war der ganz normale Castingshow-Wahnsinn.

Als ich zur Villa kam, wusste die Presse schon Bescheid. Journalisten warteten am Eingang und wollten ein Statement.

»Stimmt es, dass Sie YOU ARE A STAR verlassen müssen?«

»Ich weiß nicht, wovon Sie sprechen.«

»Es gibt eine Presseerklärung. ›Noel verlässt die Show nach Skandalinterview – Lucy rückt nach‹.« Die Erklärung musste rausgegangen sein, noch ehe ich überhaupt im Sender angekommen war.

Die beiden Typen kamen mit in mein Zimmer in der Villa. Offenbar hatten es alle ziemlich eilig, mich loszuwerden.

Am Kopfkissen meines Bettes lag ein Kuvert. Die Signatur auf der Lasche verriet den Absender. JJ. Ich zog einen Briefbogen heraus. JJ hatte ihn mit der Hand beschrieben.

Lieber Noel,

wenn du diesen Brief liest, zieh dich sicherheitshalber auf die Toilette zurück. Ich kann dir versichern, dass es dort keine Form von Beobachtung gibt. Was ich dir zu sagen habe, ist eigentlich privat und hat nur insofern mit YOU ARE A STAR zu tun, als die Sendung der Kitt ist, mit dem unsere Leben zusammengehalten werden. Ich weiß, dass ich mit diesem Brief alles riskiere und ich tue es in dem Bewusstsein, dass du es wert bist. Niemand weiß, dass dieser Brief existiert, und ich hoffe, dass es auch so bleibt. Ich vertraue dir.

Ich faltete den Brief und stopfte ihn in die Hosentasche.

»Ich muss noch schnell aufs Klo«, sagte ich zu meinen Begleitern.

Auf der türkisfarbenen Schüssel las ich weiter, nachdem ich die Tür gewissenhaft verriegelt hatte.

Du hast innerhalb weniger Wochen erfahren, was es heißt, im Popgeschäft zu sein. Es ist ein Wechselbad der Gefühle, eine Berg- und Talfahrt, bei der du nicht immer weißt, wo oben und wo unten ist. Ich habe vom ersten Moment an das Besondere in dir geglaubt. Deine Stimme, dein Auftreten, die Art, wie du uns für dich eingenommen hast. Ich dachte, ich hätte ein Gegenstück zu mir selbst gefunden, das ich formen und fördern kann. Vielleicht habe ich zu viel in dich hineinprojiziert. Als ich Lucy und dich gesehen habe, bin ich aus allen Wolken gefallen. Es hat mich verrückt gemacht. Deshalb war ich so hart zu dir. Weil ich keine andere Möglichkeit gesehen habe, aus dieser Nummer heil herauszukommen. Noel, was in der Villa passiert ist, tut mir unendlich leid. Trotzdem will ich, dass du Bescheid weißt. Ich liebe dich.

Mit diesem Brief hast du mich in der Hand. Er macht mich verwundbar, doch ich vertraue dir. Ich glaube an dich. Ich glaube an uns.

Dein Joseph

Nach all den verrückten Dingen, die ich in den vergangenen Tagen und Wochen erlebt hatte, brachte mich diese Botschaft direkt aus dem Reich des Wahnsinns nicht mehr aus der Ruhe.

Lucy schrieb mir eine SMS.

»Es tut mir leid. Ich hoffe, du stehst trotzdem zu mir und meiner zweiten Chance. Ich liebe dich.«

Ich antwortete ihr sofort.

»Wir schaffen das. Du wirst gewinnen. Ich liebe dich auch.« Dann verließ ich das Klo und ließ mich von meinen Bewachern aus der Villa eskortieren.

In meiner Wohnung war alles wie immer. Der leere Kühlschrank, das prall gefüllte Tiefkühlfach, der alte Röhrenfernseher, die durchgelegene Couch, der abgewetzte Wohnzimmerteppich. Mein altes Leben hatte offenbar Bereitschaftsdienst. Wie nett von ihm. Bloß konnte ich nichts mehr mit ihm anfangen. Ich fühlte mich um eine große Zukunft betrogen. Starruhm bestellt, alte Tristesse bekommen. Leider war für solche Probleme kein Konsumentenschutz zuständig.

Die Boulevardmedien feierten mein Ausscheiden groß ab und in den meisten Artikeln kam ich ganz gut weg.

»Skandal bei YOU ARE A STAR: Favorit geht.«

»Noel für Ehrlichkeit abgestraft.«

»Machtkämpfe hinter den Kulissen.«

Und so weiter.

Ich saß den ganzen Tag nur vor dem Fernseher und aß Pizza, die ich mir bringen ließ. Das Telefon stellte ich auf lautlos. Ab und zu schrieb ich Lucy eine SMS. Sie war wieder in der Villa eingezogen.

Am zweiten Tag nach meinem Rausschmiss stürzte sich ein Mädchen aus einem Fenster im ersten Stock eines Gymnasiums, weil ihr das Leben ohne mich sinnlos erschien. Sie brach sich ein Bein. Doch wen interessiert ein glimpfliches Ende, wenn Bilder aus einem Schockraum kursieren. Lucy erzählte mir am Telefon, dass alle bei YOU ARE A STAR ziemlich nervös waren. Allmählich begann ich die totale Freiheit zu genießen, die mir das Leben ohne die Show gönnte.

Tag drei nach meinem Abgang brachte einen Eintrag ins Guinness Buch der Rekorde. Beim Sender trudelte unter großem Getöse der »längste Protestbrief der Welt« ein, verfasst von einem Fanclub in Langeneichstädt, Sachsen-Anhalt. Während ich bei McDonald‘s zu Mittag aß und mich dabei für Lucy selbst mit dem Handy filmte, hielten Herr Hobel und Rolf eine Krisensitzung ab. Ein Buttersäureanschlag auf das Foyer des Senders mit pubertärem Bekennerschreiben brachte schließlich die Wende. Sie wollten mich zurück. Und bekamen mich auch. Lucy musste wieder raus. Mein Comeback machte ihr Comeback zunichte.

»Unser Leben wird immer verrückter«, schrieb ich ihr. »Bleibst du bei mir?«

Wir hatten uns während der vergangenen drei Tage kein einziges Mal gesehen.

»Natürlich«, schrieb sie zurück. »Ich liebe dich.«

Von diesem Moment an brachen die Quoten von YOU ARE A STAR alle Rekorde und in mir keimte ein Verdacht auf. Mein Rausschmiss und die anschließende Rückkehr waren womöglich durchkalkulierte Schachzüge des Regisseurs gewesen. Ohne Rausschmiss kein Skandal, keine Megapresse, keine Fanproteste, kein Comeback. Ich stellte mir vor, wie der Regisseur wahrscheinlich selbstgefällig gegrinst hatte, als die Öffentlichkeit ihn und die gesamte YOU-ARE-A-STAR-Crew verdammt hatte.

Die siebte Show, meine große Comebackshow, hatte das Motto »Liebeskummer«. Mike würde mit »Sie ist weg« von den Fantastischen Vier antreten. Moana wollte es mit »Nothing Compares 2 U« von Sinéad O'Connor versuchen. Als Dritter kam ich, Noel Herzig, der Heimkehrer und Höhepunkt des Abends. Meine Nummer sollte nicht nur den Liebeskummer thematisieren, sondern auch eine Botschaft an all meine Zweifler sein. Ich würde »Trouble« von Coldplay singen. *Oh I turned to run,* hieß es darin. *The thought of all the stupid things I've done. And oh, I never meant to cause you trouble.* Das kam mir sehr passend vor. Noch nie war ich so entspannt in eine Themenshow gegangen wie in dieser Runde.

Mike startete mit einer mäßig packenden Version seiner Nummer. Soweit lief alles nach Plan. Ich musste nur noch Moanas Auftritt aussitzen. Dann würde endlich meine große Stunde schlagen. Ein unerwarteter Einspieler riss mich aus meinen Träumen. Moanas Gesicht flimmerte über die Leinwände in der Halle. Acht Millionen Zuschauer waren live dabei, als sie aufgelöst ihre Geschichte in die Kamera hauchte, die auch mich fassungslos machte.

Sie war blass geschminkt, mit blauen Augenringen und dunklen Lippen. Um ihren Hals lag ein Schal. Schwarzer Hintergrund, Gegenlicht, ein schlichter Stuhl. Moana blickte direkt in die Kamera und damit auch direkt in die Herzen der Zuschauer.

»YOU ARE A STAR hat mir das Selbstvertrauen gegeben, endlich meine Vergangenheit aufzuarbeiten«, sagte sie. »Ich hatte eine schlimme Kindheit.«

Traurige Musik. Moana bei einem Spaziergang im Wald. Sie strich nachdenklich über die Rinde eines Baumstammes.

»Mein Stiefvater hat mich regelmäßig verprügelt. Am heftigsten war der Schmerz, wenn er den Gürtel benutzt hat«, sagte sie. »Wegen jeder Kleinigkeit ist er durchgedreht. Schlechte Noten, Anrufe von Jungs, wenn ich zu spät von der Schule heimgekommen bin.«

Moana in ihrem früheren Kinderzimmer. Sie betrachtete alte Fotos. Das Gesicht des prügelnden Stiefvaters hatten die Beitragsgestalter verpixelt.

»Durch die metallene Gürtelschnalle war manchmal mein ganzer Körper blau«, sagte sie. »Mama konnte auch nichts tun. Sie hat genauso unter der Gewalt gelitten wie ich.«

Streicher. Mutter und Tochter lagen sich in den Armen und weinten.

»In der Pubertät ist es dann passiert. Ich habe die Pubertät sehr intensiv erlebt. Ich habe mich neu entdeckt. Erforscht. Er hat es wohl bemerkt.« Sie stockte. »Keine Ahnung, wie. Jedenfalls stand er in einer dieser Nächte neben meinem Bett. Betrunken. Mit einem heißen Bügeleisen in der Hand. Er meinte, er wisse, wie er mir helfen könne. Er würde Drüsen veröden. Er riss mir die Decke vom Leib, hielt mich fest und drückte mir das heiße Bügeleisen in den Schritt.«

Ein entsetzter Aufschrei ging durch den Saal. Mir war zum Heulen. JJ lächelte, das sah ich aus den Augenwinkeln. Admiranda schlug die Hände vors Gesicht. Heiko nahm seine Brille ab und rieb sich die Augen.

Moana redete mit tränenerstickter Stimme weiter.

»Ich habe heute noch den Geruch von meinem verbrannten Fleisch in der Nase«, sagte Moana. »Seither bin ich unten verstümmelt. Ich habe mich immer dafür geschämt. Bikini war für mich tabu. Die Narben reichen bis zur Innenseite meiner Oberschenkel.«

Nun steuerte der Einspieler auf die entscheidende Wendung zu. Moana auf der Bühne, beim Singen vor Publikum.

»Seit ich bei YOU ARE A STAR bin, geht es mir viel besser. Ich weiß, dass ich etwas wert bin. Darum habe ich meine Geschichte erzählt. Um all den Unterdrückten da draußen Mut zu machen.«

Das große Finale. Moana, in knappem Stringbikini, am Rande eines Pools. Ihre Narben waren gut zu sehen. Sie sprang ins Wasser, um kurz darauf direkt vor der Kamera aufzutauchen. Ein Lächeln im Gesicht.

»Vielen Dank an meine Fans da draußen«, sagte sie. »Ihr habt mir unglaublich viel Kraft gegeben. Der nächste Song ist nur für euch. Und für meine Mama. Nothing Compares 2 U.«

Das Saalpublikum tobte. Minutenlanger Applaus. Moanas Joker hatte gestochen. Kein Mensch interessierte sich mehr für mich oder meine Rückkehr. Es reichte gerade noch, um Mike auf

Distanz zu halten und ins Finale einzuziehen. Aber das war ja wohl das Mindeste.

ICH WURDE GEFEUERT

Am Montag nach der siebten Themenshow bestellte mich Herr Hobel in sein Büro. Ich erwartete eine große Versöhnungsszene. Schließlich hatten alle relevanten Zeitungen in ihren Sonntagsausgaben berichtet. Natürlich bezichtigten sie uns des Voyeurismus. Wir hätten ein »geschundenes Mädchen schamlos zur Schau gestellt, um damit Quote zu machen.« Dies sei »ein neuer Tiefpunkt in der ohnehin schon grenzwertigen Geschichte von YOU ARE A STAR.«

Alles Schwachsinn. Ich fühlte mich wieder fest im Sattel. Mehrere Blätter hatten mich als Mastermind hinter dem Geständnis geoutet. Wie recht sie hatten. Ich gab gerne Kommentare dazu ab.

»Wir wollten das Thema ›Gewalt in der Familie‹ aufs Tapet bringen. Das ist uns dank Moanas berührendem Geständnis gelungen.«

»Einmal mehr hat sich YOU ARE A STAR als Spiegel der heutigen Gesellschaft profiliert.«

»Wir haben Moana vor möglichen negativen Konsequenzen gewarnt, doch sie wollte unbedingt anderen Frauen und Mädchen mit ihrer Geschichte helfen. Das haben wir respektiert.«

Und so weiter.

All das nur für die Show, den Sender.

Beschwingt betrat ich das Büro des Senderchefs. Er hatte diesmal keine Krawatte umgebunden. Seine Gesichtsfarbe war blasser als sonst. Während er normalerweise eine natürliche Autorität ausstrahlte, brach nun eine Unbeherrschtheit durch, die mich einschüchterte. Er kam gleich zur Sache.

»Sie sind gefeuert«, sagte er. »Wir geben noch heute die Vertragsauflösung wegen schwerwiegender Verfehlungen bekannt.«

Er musste meine Fassungslosigkeit gesehen haben, doch anstatt mir Erklärungen zu liefern, knallte Herr Hobel einfach ein

Foto auf den Tisch. Seine Mimik war vollkommen neutral, doch seine Hände zitterten. Es war das Bild meines nackten Arsches, das ich seinerzeit an die Nazis geschickt hatte. Ich wollte zu einer Erklärung ansetzen, da legte er meinen Brief an Noel neben das Bild. Offenbar interessierte nicht nur mich Vertrauen einen Scheißdreck.

»Wegen so einem Unsinn wollen Sie mich wirklich feuern?«, fragte ich naiv.

»Darüber hinaus liegt mir das Schreiben eines Arztes vor, der eine Million Euro von uns zu erpressen versucht. Er behauptet, dass er Ihnen nach einer Sexorgie mit einem Mann Erste Hilfe geleistet und Sie jahrelang mit Drogen versorgt hat. Nun möchte er seine extravaganten Erlebnisse mit Joseph Jones junior zu Geld machen. Entweder wir zahlen oder eine Zeitung tut es.«

Ich bewunderte die Emotionslosigkeit, mit der mir der Senderchef diesen Albtraum darlegte. Nur Details seines Körpers verrieten, wie es ihm wirklich ging. Er schwitzte, die Haare waren zerrauft und seine Augenlider flackerten nervös.

Ich wusste, dass es nun endgültig aus war. Mich beschäftigte nur noch die Frage, wie ich aus der Sache rauskäme, ohne komplett vernichtet zu werden.

RUNDE ACHT

JJs Rausschmiss erschütterte sowohl die Medien als auch das Publikum. YOU ARE A STAR, Sündenpfuhl, Skandalformat und Herzschmerzschmelztiegel, stellte alle anderen Sendungen in den Schatten. Eigentlich sehnte ich mich nach ein bisschen Ruhe, um meine letzten Kräfte im Kampf gegen die Mitleid heischende Moana zu mobilisieren. Doch der Senderchef gönnte mir keine Verschnaufpause. Er zitierte mich in sein Büro. Wieder fuhr ich im Aufzug nach oben, diesmal ohne Begleitschutz.

»Wir planen eine Cross-Promotion«, sagte Herr Hobel.

Ich hatte mich längst daran gewöhnt, dass im Musikbusiness Worte fielen, die anscheinend alle außer mir verstanden.

»Wir haben eine Modelshow am Start. Läuft ab jetzt immer am Donnerstag.«

»Was hat das mit mir zu tun?«, fragte ich.

»Du musst eine Affäre mit einem der Mädchen anfangen. Das bringt uns positive Publicity und lenkt vom JJ-Skandal ab.«

»Ich bin mit Lucy zusammen.«

»Lucy interessiert mich nicht«, sagte der Senderchef.

»Ich habe ihr viel zu verdanken.«

»Quatsch, was denn? Eure Lovestory ist nicht aufgegangen. Außerdem kannst du gerne weiterhin mit ihr zusammen sein. Aber bitte diskret. Offiziell bist du dann mit einer Kandidatin unserer neuen Modelshow liiert. Du kannst dir eine aussuchen. Wir brauchen dich nur, um ein bisschen Wind zu machen. Danach sollte alles von selber fliegen.« Er lachte arrogant.

»Ich liebe Lucy. Das kann ich ihr nicht antun.«

»Schau dir mal die Fotos von den Mädchen der Modelshow an. Wir haben Blonde, Südländische, Rothaarige, Ausgeflippte, auch eine Schwarze. Hattest du schon mal was mit einer Schwarzen?

Versteh mich nicht falsch. Du musst nicht wirklich was mit dem Mädchen haben, das du dir aussuchst. Nur, wenn du willst.«

Dass dieser seriöse Mann solche Töne anschlug, irritierte mich.

»Sie verstehen mich nicht. Ich will keine Beziehung zu irgendeinem Nachwuchsmodel vortäuschen. Mir ist es schon schwergefallen, meine Beziehung zu Lucy nach einer vorgegebenen Dramaturgie durchzuziehen.«

»Noel, das ist doch ganz normal. Ich kenne einen Hollywoodagenten, der auf solche Schachzüge spezialisiert ist. Einer seiner Mandanten ist ein bekannter Frauenschwarm, der im richtigen Leben stockschwul ist. Der Agent hat ihm ein besonders biederes Frauenmodell vermittelt. Seither kommen die Paparazzi nicht einmal mehr auf die Idee, vor den Schwulenclubs Ausschau zu halten. Sie spekulieren lieber über Nachwuchs.«

»Was wollen Sie mir damit sagen?«

»Dass solche Manöver zum kleinen Einmaleins des Unterhaltungsgeschäfts gehören. Was denkst du, wie Posh Spice und David Beckham, Tom Cruise und Katie Holmes, Lisa Marie Presley und Michael Jackson zusammengekommen sind? Das gehört einfach zum Spiel.«

Ich sah ihn skeptisch an.

»Wir brauchen die Publicity und dir nutzt es auch«, sagte er. »In den Umfragen liegt Moana schon voran.«

»Die Leute werden mich scheiße finden, wenn ich Lucy sitzen lasse.«

»Jetzt mal Klartext. Es geht nicht nur um dich. Du bist Teil einer großen Senderfamilie, und nur wenn es der ganzen Familie gut geht, fühlen sich auch ihre einzelnen Mitglieder wohl. Verstehst du? Bei uns müssen alle aufeinander schauen. Das ist unsere Philosophie.«

Das rührte mich irgendwie. Vielleicht verbarg sich hinter all dem Zynismus ja eine Form von Loyalität, die mir bisher entgangen war.

»Wie soll dieses Modelformat überhaupt heißen?«

»›Fat Chance for Slim Girls.‹ Es wäre der Coup, wenn wir die Teeniemagazine zum Start der ersten Staffel mit einer ordentlichen Romanze füttern könnten. Ich sehe schon die Schlagzeilen vor mir. ›Fat Love – YOU-ARE-A-STAR-Schwarm Noel Herzig datet Modelhoffnung.‹ Hat doch was, oder?«

Ich sah Lucys Gesicht vor mir.

»Tut mir leid, das kann ich einfach nicht«, sagte ich.

»Was hältst du von 100.000 Euro? Die wären im Budget drin.«

Ich schwieg.

»Eigentlich unfassbar, dass ich dir so ein Angebot unterbreite«, sagte Herr Hobel. »Keine Ahnung, wie ich das dem Aufsichtsrat beibringe.«

Ich schwieg.

»Andere würden weiß Gott was für so ein Angebot tun, und du verstehst nicht einmal, dass es ein Riesenkompliment ist. Wir planen mit dir. Du sollst ein Gesicht unserer Sendergruppe werden. Wenn es mit der Musik nicht klappt, parken wir dich in einer Daily Soap oder schanzen dir einen Moderatorenjob zu. Wenn du willst, können wir das auch vertraglich regeln.«

»Darum geht es nicht. Ich bin bereit, viel zu geben. Ich kann für euch die meiste Zeit ein anderer sein, das ist überhaupt kein Problem. Aber manchmal fehle ich mir und werde ganz traurig. Dann muss ich nur zu Lucy gehen und fühle mich mit einem Schlag wieder wie ich selbst. Da verläuft meine Grenze. Das will ich nicht wegwerfen.«

Das schien ihn zu beeindrucken. Irgendwie verlor er seinen Nachdruck. Seine Züge wurden weicher, seine Körperhaltung entspannte sich. Er zog sich das Sakko aus, öffnete einen weiteren Knopf seines Hemdes und lehnte sich zurück. Sein mit weißem Leder bezogener Chefsessel hatte ein Kippgelenk und rastete auf halbem Weg zwischen aufrechter und liegender Position ein.

»Du bist ein ziemlich mutiger junger Mann«, sagte Herr Hobel. »Denk trotzdem über mein Angebot nach. Denk auch daran, dass es andere gibt, die nicht nur viel geben, sondern alles.«

»Das ist mir bewusst.«

Er legte den Kopf schief.

»Noel, darf ich dich etwas fragen?«

Ich wurde ärgerlich.

»Wenn es wieder auf die Sache mit dem Model hinausläuft, lieber nicht. Ich will Sie nicht mit einer weiteren Ablehnung beleidigen.«

»Ach, Noel.« Der Senderboss grinste wie ein väterlicher Freund. »Ich mag es, wenn junge Menschen Wut in sich tragen. Sie gibt Kraft. In unserem Geschäft kann sie dafür sorgen, dass der Funke überspringt. Das Publikum spürt das, deswegen mag es dich. Ich wollte nur wissen, was du eigentlich von JJ hältst.«

»Ich denke, dass er ein Bastard mit ein paar unangenehmen Geheimnissen ist.«

Herr Hobel lächelte freundlich. Seine Milde sorgte dafür, dass mich jetzt das schlechte Gewissen plagte. Ich wollte den hingerotzten »Bastard« relativieren.

»Verzeihen Sie meine etwas direkte Ausdrucksweise«, sagte ich. »Ich bin etwas angespannt.«

Er sah mich mit dem Stolz eines Vaters an.

»Noel, ich bin gerührt. Unsere PR-Profis haben wirklich ganze Arbeit geleistet. Du redest schon wie ein ganz Großer. Es wäre wirklich schade um dich.«

Erst jetzt fiel mir auf, dass mich der Senderboss immer duzte, während ich diesmal beim Sie geblieben war. Egal. Herr Hobel fuhr fort.

»Lass mich die Gelegenheit nutzen, um dir zu sagen, dass es mir leidtut.«

»Was tut Ihnen leid?«

»Dein Rauswurf.«

»Schon vergessen. Der Quote hat es jedenfalls nicht geschadet.« Ich lachte schief.

»Noel, du bist wirklich ein ganz besonderer Kandidat. Endlich mal ein junger Mensch, mit dem ich mich auf Augenhöhe unterhalten kann. Normalerweise münden meine Kontaktaufnahmen mit Nachwuchssängern entweder in Weinkrämpfen oder in bösen Anwaltsschreiben. Keine Ahnung, in welcher Phase der Erfolgsstory von YOU ARE A STAR wir alle verlernt haben, normal miteinander zu reden.« Seine grüblerische Miene wirkte nicht aufgesetzt. Er dachte anscheinend ernsthaft über diese Frage nach. Auch das wies ihn nur als Teil seiner schrägen Welt aus. Jede Gefühlsregung konnte hier sofort in ihr Gegenteil kippen.

»Ich werde alles tun, damit das Finale ein voller Erfolg wird«, sagte ich.

»Danke, Noel. Sing das Ding nach Hause. Falls du nicht gewinnst, finden wir etwas für dich, darauf hast du mein Wort. Unsere Entwickler suchen immer gute Leute für alle möglichen Formate.« Er gab mir die Hand. »Ja, und danke für JJs Brief. Er hat mir die Entscheidung erleichtert, ihn zu feuern.«

Bei der alles entscheidenden achten Show gab es kein Motto mehr. Wir sollten uns auf unsere Stärken konzentrieren und unseren bisher besten Song bringen. Gleiche Chancen für beide Finalisten im großen Duell, aber nur theoretisch. Alle lechzten nach dem Schicksal der geschundenen Moana. Für mich, den charmanten Noel, interessierte sich niemand mehr.

Die Medien machten den Mann ausfindig, der ihr all das angetan hatte, und eröffneten eine Hetzjagd, die den bösen Stiefvater einer Gerechtigkeit jenseits der Judikatur zuführte. Die Postings dazu im YOU-ARE-A-STAR-Forum waren eindeutig.

»Aufgehängt gehört dieses Schwein.«

»Ich würde ihm die Eier glattbügeln.«

Und so weiter.

Moana hielt vor ihrem Auftritt eine kurze Ansprache. Ihr blasses Gesicht füllte die Videowall und damit auch jeden TV-Bildschirm ganz aus.

»Hör gut zu, Papa«, sagte sie. »So musste ich dich doch nennen. Papa. Du hast meinen Körper und mein Leben zerstört. Wann immer ich mich betrachte, muss ich an deine Grausamkeit denken.

Aber glaub ja nicht, dass du mich gebrochen hast. Die Zeit bei YOU ARE A STAR hat mir gezeigt, dass ich etwas Besonderes bin. Ich kämpfe weiter. Meine Fans haben mich von den Dämonen befreit. Ich schäme mich nicht länger. Nicht für mein Schicksal, nicht für meine Narben. Ich habe erkannt, dass es nur einen Menschen gibt, der sich schämen muss. Das bist du.«

Der Beitrag zeigte Zeitungsausschnitte der vergangenen Woche. Auf ihnen zu sehen war Moanas Vater, verpixelt oder mit schwarzem Balken.

Das Saalpublikum tobte. Minutenlange Standing Ovations und Tränen. Sogar der Musikjournalist und die Ballermannsängerin erlaubten sich einen Gefühlsausbruch, jetzt, wo sie wussten, dass sie JJ deshalb nicht mehr vorführen konnte.

Für mich war es bereits vor meinem Auftritt vorbei, das wusste ich. Ich fühlte mich wie gelähmt. Es lag nun nicht mehr in meinen Händen. Die Machtlosigkeit hatte eine seltsame Wirkung auf mich. Ich war nicht wütend. Auch nicht ängstlich oder gar enttäuscht. Es war totale Gleichgültigkeit, die sich in mir breitmachte. Ich trauerte weder dem verpatzten Sieg noch meinem alten Leben nach. Nur eine Sache fand ich traurig, nämlich dass Lucy nicht neben mir stand, um mit mir diesen Moment zu teilen.

Moana badete in der Wirkung ihrer Worte und nahm nach ihrem Song die wohlwollenden Bewertungen der handzahmen Jury entgegen. Ihr Sieg war nur noch Formsache. »Moana gewinnt Skandalstaffel von YOU ARE A STAR.« Die Presseagenturen bereiteten die Meldung vermutlich schon vor, bevor ich überhaupt den ersten Ton gesungen hatte.

Moana tat nichts, was ihren Sieg hätte gefährden können. Sie wählte die richtigen Lieder, das richtige Outfit, die richtige Strategie. Ich schaltete auf Autopilot und brachte den Abend einfach nur hinter mich. Mein Kopf war leer, weil meine Gedanken Ausgang hatten. Sie befanden sich längst auf dem Weg zu Lucy. Ich hörte nicht hin, als die sonst so gnädige Admiranda meinen Auftritt verriss und auch Heikos Beschimpfung, die JJ alle Ehre gemacht hätte, ließ ich ungerührt über mich ergehen. Offenbar brachten sich diese Wichtigtuer für die nächste Staffel in Stellung. Mir war es egal. Ich wollte möglichst schnell von der Bühne. Lucy wartete sicher irgendwo auf mich. Das würde das Highlight meines Abends werden.

Als abschließenden Showact präsentierte der Rapper Moshi Moshi seine neue Single »Rauschkinder«. Dann verkündete der Moderator endlich den Sieger. Immer wieder machte er ausgedehnte Pausen, um die Spannung ins Unermessliche zu steigern. Er gab den Kameraleuten Raum, um unsere Gesichter aus allen Perspektiven abzufilmen. Die Studioband inszenierte einen Trommelwirbel, die Jury erhob sich von ihren Sitzen und der Moderator brüllte in sein Mikro.

»Gratulation, Moana. Du hast gewonnen!«

In der nächsten Sekunde explodierte eine Konfettibombe und Tausende pinkfarbene Papierschnipsel senkten sich auf die Bühne. Pyrotechnik verwandelte das gesamte Studio in ein gigantisches Sprühregeninferno. Alle Beteiligten stürmten auf Moana zu, um ihr zu gratulieren. Das Publikum applaudierte und stampfte auf den Boden. Ich stand einfach nur daneben.

Auf der glamourösen Abschlussparty war ich eine Randfigur. Es war eindeutig Moanas Party, und ihre Gäste erlebten noch einen weiteren gruseligen Schauer.

»Selbstmord. Moanas Peiniger springt von Brücke«, lautete die nächste Meldung.

Immerhin nahm sich der Senderchef ein paar Minuten Zeit für mich. Während unseres persönlichen Gespräches ließ ich meinen Frust raus.

»Moana hat mir den Sieg gestohlen«, sagte ich.

»Hat sie nicht. Der Sieg gehört niemandem, also kann ihn auch niemand stehlen. Moana musste viel durchmachen, um so weit zu kommen. Ein Bügeleisen auf einer Muschi, das ist der Knaller, gib es zu. Das ist besser, als ein bisschen rumschmusen mit einer Kollegin.« Herr Hobel hatte wohl ein Bier zu viel getrunken.

»Wann können wir über meine Zukunft sprechen?«, fragte ich.

»Wie meinst du das konkret?«

»Ich habe Ihr Versprechen, dass Sie mich in einem anderen Format unterbringen.«

Er griff sich ein Sektglas von einem Tablett, das ein Mädchen in einer pinkfarbenen Merchandisinguniform vorbeitrug.

»Also ehrlich, Noel«, sagte der Senderboss. »Jetzt bist du undankbar. Der Sender hat schon viel für dich getan. Eine Weile warst du der Star und du hast die große Liebe gefunden. Es läuft doch gut mit Lucy, oder?«

»Trotzdem haben Sie versprochen …«

»Junge, da hast du mich falsch verstanden. Ich habe nur ein bisschen herumgesponnen, einen vagen Blick in die Zukunft geworfen. Von konkreten Plänen sind wir weit entfernt. Du weißt ja mittlerweile, wie das ist. Für jeden Job und jede Rolle stehen zig Bewerber parat, die für kein Geld alles tun.« Er lachte herzhaft und sah sich dabei unter den Gästen um.

»Jetzt mal ohne Spaß …«, sagte ich.

Der Senderchef wurde ernst.

»Ohne Spaß, Noel«, sagte er. »Du hast dein Angebot gehabt. Du hättest zugreifen müssen, als du noch heiß warst.« Er wandte sich zum Gehen. »Sieh es einfach als weitere Lektion auf deinem Weg als Musiker.«

In den folgenden Tagen merkte ich, dass ich meine Zeit bei YOU ARE A STAR nicht so einfach abhaken konnte. Ich wollte möglichst rasch zurück in die Werbung. Meine Stimme für irgendeinen Jingle herzugeben war besser als gar nichts. Doch meine früheren Auftraggeber winkten ab. »Deine Stimme hat mittlerweile zu viel Wiedererkennungswert«, sagten sie. »Aber einen, der mehr schadet als nutzt.«

Ich konnte nicht mal als Supermarktkassierer, McDonald's-Verkäufer oder Copyshopbetreuer jobben. Die Leute mussten mich erst wieder vergessen haben. Ich kapitulierte vor meiner zwecklosen Prominenz und stürzte mich in ein Leben unter den Ex- und

Möchtegernstars. Kopelsky und Kopelsky nahmen mich unter Vertrag. Ich schien nun im Künstlerverzeichnis derselben Agentur auf, die auch den zahnlosen Marcel managte. Für Moderationen kassierte ich tausend Euro, für kleine Autogrammstunden, bei denen zumeist zehn bis fünfzehn Leute kamen, bekam ich höchstens 500. Ab und zu legte ich in einer Diskothek auf. Nachher durften sich die besoffenen Kids eine Stunde lang mit mir ablichten. Dafür zahlten mir die Veranstalter immerhin bis zu 2.000 Euro. Lucy und ich kamen auf diese Weise gut über die Runden. Wir mussten zwar viel Geld an den Sender weitergeben, aber wenn ich mit meinem Schicksal bei der Show haderte, erinnerte ich mich daran, dass andere viel härter für ihren Lebensunterhalt arbeiten mussten als ich. Mit etwas Glück hatte ich auch noch eine Zukunft. Ich wollte einen Song aufnehmen und fand einen Produzenten, der es mit mir versuchen wollte. Er war unbekannt, hatte wenig Geld und schlechte Kontakte, aber er motivierte mich.

»Ich habe ein saugutes Gefühl bei dir«, sagte er zu mir. Irgendwann glaubte ich ihm und hatte auch ein saugutes Gefühl. Bis es zur Katastrophe kam.

ICH HABE WIEDER GETÖTET

So viele große Momente, und auf einmal sollte alles vorbei sein. Meine legendären Auftritte, nur mehr Geschichte, nachdem die Clips, in denen ich den Umgang mit dem Lächerlichen zelebrierte, eben noch millionenfach als Webvideos in sozialen Netzwerken geteilt worden waren. Meine Opfer waren nur die Co-Stars. MC Michael zum Beispiel, der sich nicht zu blöd war, seine hagere Visage beim Casting mit einer überdimensionalen Sonnenbrille zu verdecken.

»So, wie du hier vor die Jury trittst, zeigst du uns von der ersten Sekunde an, was für eine gigantische Vollpfeife du bist«, sagte ich ihm gleich mal direkt ins Gesicht. Ich deutete auf seine Jeans, deren Schritt fast bis zu den Knien hing. »Wer hat dich denn so hergerichtet?«, fragte ich ihn. »War das deine Mami oder doch eine abgetakelte Aerobiclehrerin, die du in einer Landdisco aufgerissen hast?«

»Nee, das ist mein ganz persönlicher Style«, sagte er.

»Nimm mal die Sonnenbrille ab. Ich will sehen, wie deine Fresse in voller Pracht aussieht.« Er nahm die Brille ab. »Oh mein Gott, setz sie wieder auf. Bei solchen Kratern würde ich mich auch mit einem Behindertensehbehelf ausstatten.«

»Kann ich etwas sagen?«

»Ich bitte darum. Vielleicht lenkt das ja vom grausigen Rest ab.«

»Okay, also ich heiße MC Michael. Das ist natürlich ein Künstlername.«

»Moment mal. Zu einem Künstlernamen gehört auch Kunst. Du Irrlicht willst mir doch nicht allen Ernstes erzählen, dass das, was du uns heute zeigen wirst, irgendwas mit Kunst zu tun hat?«

»Doch. Ich bin Shouter.«

»Was bist du?«

»Shouter. Ich shoute über Technomusik.«

MC Michael hob den Zeigefinger. Aus den Studioboxen wummerte ein Techno-Track, der nach der muffigen Geschmacklosigkeit einer 30-Quadratmeter-Sozialbauwohnung klang. Keyboardklänge, die sicher nicht einem Keyboard, sondern dem Instrumentensimulator eines frei herunterladbaren Musikprogramms entsprangen, vermischten sich mit den holprigen Schlägen eines monotonen Beats.

Ich konnte ihn förmlich sehen, wie er unter seinem furnierten Möbeldiskonterhochbett saß und einen schlechten Loop programmierte. Um ihn der Geruch von Dosenravioli und Instantkaffee. Dazu kalter Zigarettenrauch und der fischige Geruch seiner letzten Masturbation. Nach ein paar Takten Playback-Musik legte MC Michael los.

»Power«, schrie er.

Wummwumm.

»Energy.«

Wummwumm.

»Passion.«

Wummwumm.

»Love.«

Wummwumm.

Er streckte die rechte Faust in die Höhe und boxte im Rhythmus der Musik in die Luft. Offenbar steuerte er auf so etwas wie einen dramaturgischen Höhepunkt zu. Pathetisch ging er in die Knie und hauchte jetzt nur noch.

»We are music.«

»Du bist weiter«, unterbrach ich die Stille. Entsetzte Blicke meiner Jurykollegen. »Und zwar auf deinem Weg in die Klapsmühle. Weg mit dir.«

Er rappelte sich auf und sah mich mit einer Mischung aus Enttäuschung und Wut an. Es roch nach Diskussion.

»Los, raus hier«, sagte ich. »Ich will nicht noch mehr Zeit verschwenden.«

Damit war der Shouter Geschichte, weggebracht von ein paar Gorillas, die der Sender zu unserer Sicherheit abstellte. Am nächsten Tag war MC Michael das Lieblingsgespött sämtlicher TV-Kommentatoren.

Genauso hatte ich es geplant. Ich hatte ihn in einer kleinen Karaokebar aufgelesen, wo ihn ein paar Besoffene wegen seiner Darbietung zusammenschlagen wollten.

»Kennst du mich?«, fragte ich ihn.

»Du bist ... Sie sind ... JJ.«

»Richtig, mein Junge, und ich denke, dass du in unser Casting gehörst.«

»Echt jetzt?«

»Wer entscheidet schon, was gut oder schlecht ist? Ganz sicher nicht das Publikum einer drittklassigen Spelunke.«

»Sie haben recht. Diese Idioten können nicht einmal Elton John von Billy Joel unterscheiden.«

Der Vergleich kam ihm anscheinend total raffiniert vor, denn er zwinkerte mir zu.

Ich wunderte mich immer wieder, wie einfach es war. Ein paar aufmunternde Worte und schon verwandelte sich fleischgewordene Talentlosigkeit in ein aufgeblasenes Riesenego.

»Ich werde auf jeden Fall da sein«, sagte Michael. Dann umarmte er mich und wollte uns mit seiner Handykamera knipsen.

Bloß keine Bildbeweise. Ich drückte seine Hand weg.

»Die Bildqualität ist so übel«, sagte ich. »Wenn solche Fotos im Internet kursieren, bekomme ich Stress mit dem Sender.«

Nun, da er aus dem YOU-ARE-A-STAR-Casting bugsiert worden war, wusste er Bescheid. So wie all die anderen Freaks, die ich mir im Laufe mehrerer Staffeln zur Brust genommen hatte. Holger zum Beispiel. Er war 48 Jahre alt, 130 Kilogramm schwer und überzeugt von seiner Fähigkeit, mit Opernarien ein Publikum zu begeistern. »Nur weil du so fett wie Pavarotti bist, heißt das noch lange nicht, dass du auch so singst«, sagte ich zu ihm. Seither weiß ich, dass selbst erwachsene Männer vor Kameras weinen.

Jenny, siebzehn Jahre alt und Gothic-Fan, hatte sich das Gesicht weiß angepinselt und gab eine selbst komponierte Nummer mit dem Titel »Das schwarze Loch« zum Besten. »Keine Ahnung, wozu deine schwarzen Löcher sonst noch so taugen«, sagte ich zu ihr. »Aber dein Loch namens Mund solltest du lieber nicht mehr zum Singen verwenden.«

Oder Francesco. Er hielt sich für den besten Prince-Imitator auf dem Planeten. »Willst du mal eine goldene Schallplatte in den Händen halten?«, fragte ich ihn.

»Natürlich.« Seine Augen leuchteten.

»Dann komm mal zum Putzen zu mir. Ein paar Künstler haben mir ihre zum Dank für meine Coachingdienste geschenkt. Die kannst du dann abstauben.« Wir inszenierten das dann tatsächlich für die Kameras und Francesco betonte die ganze Zeit, dass ich sein großes Vorbild sei.

Alfred war ein großartiger Lehrer gewesen. Sein Sprachfehler hatte mir den Charme des Jenseitigen nähergebracht. Er war ein Hohepriester des Kaputten und ich zog ihm ein paar willige Ministranten heran. Doch als ich mit meiner Bügeleisen-Moana eine neue Ära des Voyeurismus jenseits billiger Schenkelklopfer-Peinlichkeiten und schambefreiter Selbstdarsteller einleiten wollte, flog ich aus der Sendung.

Moanas von mir herbeigeführter Sieg war triumphal. Die hemmungslosen Freudentränen galten nur diesem Mädchen, das sein schweres Schicksal überwunden hatte. Alle lagen sich in den Armen. Mutter und Tochter, Freunde, Geschwister, Bekannte, Fanclub, meine Jurykollegen. Sogar der steife Herr Hobel kam auf die Bühne. In dieser Stunde des Triumphes hätte ich mir auch ein wenig Dank gewünscht. Eine kurze Botschaft.

»Ich widme diesen Sieg JJ«, hätte Moana sagen können. »Er ist leider nicht mehr bei uns. Am Ende war er zu ehrlich für diese Welt. Er war ein Unbequemer. Ein Stachel im Fleisch der Faulen, Uninspirierten, Durchschnittlichen, und ja, auch er hat Fehler gemacht. Aber für mich war dieser Joseph Jones junior vor allem eines: ein großartiger Mentor, der mich dorthin gebracht hat, wo ich heute stehe. Mit Härte, Disziplin und Ehrgeiz. Aber auch mit grenzenloser Geduld, Opferbereitschaft und Weitsicht. JJ hat mir die Augen geöffnet. Er hat mir geholfen, den Fluch meiner Vergangenheit zu durchbrechen. Endlich kann ich darüber reden und vielen Opfern von Missbrauch und Gewalt eine Stimme geben. Danke, JJ. Du hast meinem Leidensweg Sinn gegeben, indem du mich nicht nur zu einer besseren Sängerin, sondern auch zu einem engagierten Menschen gemacht hast.«

In Wirklichkeit lief es genau andersherum.

»Das Format ist trotz JJ erfolgreich und nicht wegen ihm«, sagte der Senderchef, als ihn ein Journalist auf meine Rolle bei YOU ARE A STAR ansprach.

Immerhin rief er mich danach noch einmal an.

»Wir haben kein Problem mit deiner Homosexualität«, sagte er. »Es geht um die Drogen.« Er erinnerte mich daran, dass ich in der ersten Staffel mit pompösen Worten einen Kandidaten aus der Show geschmissen hatte, weil er in einer Disco mit Koks erwischt worden war. Danach war ich das Gesicht einer Anti-Drogen-Kampagne geworden. »Dann die Sache mit Noel. So etwas geht einfach nicht.«

Meine Karriere war geplatzt und mein Leben gescheitert. Ich gehörte zum Exinventar der erfolgreichsten Samstagabendshow aller Zeiten und es gelang mir nicht, mich damit abzufinden. Irgendwann stand ich vor Noels Haus. Ich wollte nur ein paar Dinge klären, einfach reden. Wir waren beide von unserem rechtmäßigen Thron gestoßen worden. Er war für meinen Sturz verantwortlich und ich für seinen. Nun, da sich die ganze Welt von mir losgesagt hatte, empfand ich diese destruktive Verwicklung als wohltuende Verbindung. Wenigstens in der Niederlage waren Noel und ich vereint.

Wir konnten jetzt alles klären. Die vielen Missverständnisse, die Gehässigkeiten, die Intrigen. Er würde sicher erleichtert sein, mich zu sehen. Wahrscheinlich geisterten genau in diesem

Moment dieselben Gedanken in seinem Kopf herum, die mir den Schlaf und den Verstand raubten. Ich drückte auf den Knopf neben dem Namen Herzig.

»Hallo?«, fragte eine Frauenstimme.

Lucy. Ich hatte damit gerechnet, dass das Ende dieser Staffel von YOU ARE A STAR auch das Ende ihrer Beziehung gewesen war, weil sie sich ohne Ziel vor Augen, ohne gemeinsame Strategie nicht mehr viel zu sagen haben würden. Ich fragte mich, warum sie noch da war.

»Hallo, ist da jemand?« Lucy klang ungeduldig.

»Hier ist Joseph.«

Kannte sie überhaupt meinen richtigen Namen? Ich beschloss, meine Identifikation zu präzisieren.

»JJ«, sagte ich.

Stille.

Ich wäre besser verschwunden, als sie sich gemeldet hat, dachte ich. Diese verdammten Amphetamine. Sie setzten alle Fluchtreflexe außer Kraft.

»Was hast du hier zu suchen?«, fragte sie.

»Ich wollte mit Noel reden.«

»Er hat dir nichts zu sagen.«

»Ich habe ihm etwas zu sagen.«

»Das interessiert ihn nicht.«

Vielleicht hat sie recht, dachte ich. Vielleicht war unsere emotionale Verbindung, die mir in den vergangenen Monaten Leben eingehaucht hatte, bloß ein seltsames Hirngespinst, das meiner Sehnsucht nach Glück entsprungen war.

»Vielleicht wäre es fair, wenn Noel selbst entscheiden könnte.«

»Er ist nicht da.«

»Das glaube ich nicht.«

»JJ, hast du den Verstand verloren?«

So schnell konnten sich die Dinge ändern. Bei ihrem Casting hätte sie mir für ein Ticket in die Show noch den Arsch geküsst und jetzt ließ sie mich vor der Tür stehen und beleidigte mich.

Über die Torsprechanlage klang sie noch unsympathischer als in Wirklichkeit.

»Lass mich einfach ins Haus, dann können Noel und ich in Ruhe über alles reden.«

»Er ist nicht da.«

»Du lügst.« Ich wollte eben einen Schwall an wüsten Schimpfworten ins Innere des Hauses schicken, als ein Summen ertönte. Ich warf mich gegen die Tür und nahm drinnen immer zwei Stufen auf einmal, um keine Zeit zu verlieren. Im zweiten Stock öffnete sich eine Tür. Ich musste zweimal hinsehen. Dieses biedere Gesicht ohne Schminke und ohne Ausdruck gehörte tatsächlich Lucy. Ihre schräge Frisur hatte sich in einen stinknormalen Pagenkopf verwandelt. Das Blau ihrer Augen war einer undefinierbaren Leere gewichen. Zwei Herpesbläschen entstellten ihre sinnlichen Lippen, bei denen ich mir immer gewünscht hatte, die Natur hätte sie nicht an eine Frau verschwendet. Eine Kochschürze vollendete die triste Aufmachung. »Ich koche mein eigenes Süppchen«, stand auf ihrer Brust.

Aus der Wohnung drang eine Geruchswolke, in der sich Schweinefleisch, Zwiebel und Knoblauch mischten. Der Duft erinnerte mich an den Pförtner in der Heidelberger Soldatenstadt. Er bewachte den Zufahrtsschranken und vertrieb sich die Zeit mit einem Minifernseher und zwei Kochplatten, auf denen immer Töpfe dampften, mit deren Inhalt er die Soldaten und ihre Frauen zwangsbeglückte. Es ging das Gerücht, dass seine Kartoffelklöße immer wieder die Toiletten verstopften.

»Ich hätte dich fast nicht erkannt«, sagte ich zu Lucy.

»Was du nicht sagst. Noel ist wie gesagt nicht da. Er arbeitet.«

»Was arbeitet er?«

»Was geht dich das an?« Ich sah sie schweigend an. »Er moderiert eine Modenschau in einem Einkaufszentrum. Am Ende singt er ein Lied aus seinem neuen Album.«

Noel hatte sich offenbar in die Obhut der Resteverwerter begeben. Die nahmen auf, was YOU ARE A STAR ausspuckte, und pressten noch ein paar Cents aus den desillusionierten Doch-Nicht-Popstars. Tourneen durch Balearendiscos, Vorstadtsupermärkte, Autohäuser und Feuerwehrfeste gehörten zum Standardprogramm. Autogramme schreiben, mit schmierigen Unternehmern posieren, Bezirkszeitungen Interviews geben, mit Kindergartenkindern musizieren oder eben moderieren. Schade um ihn.

»Darf ich reinkommen?«

»Wozu?«

»Ich will auf Noel warten.«

Meine Direktheit und die Selbstverständlichkeit, mit der ich in ihr Leben eindringen wollte, verwirrte Lucy offenbar. Ohne weiteren Widerstand gab sie die Tür frei. Ich sah mich in der Wohnung um. Garderobehaken an der Rückseite der Wohnungstür und ein kackbrauner Kokosläufer am Boden. Eine gepolsterte Sitzecke in der kleinen Küche, in der Lucy offenbar die brave Hausfrau spielte. Es hatte mich schon oft schockiert, wie nahe Glamour und Spießigkeit beieinanderlagen.

Ich ließ mich auf die Bank plumpsen und sah Lucy erwartungsvoll an. In ihrem Blick paarten sich Neugier und Skepsis zu einer durchaus reizvollen Mischung. Da war er wieder, der faszinierende Ausdruck ihrer Augen. Wenigstens etwas hatte überlebt.

»JJ, willst du mir nicht endlich erklären, was das alles soll?«

Ich hasste es, mich zu wiederholen. Die guten Journalisten hatten das gewusst und mich vor allem bei der Beschreibung gescheiterter Kandidaten dazu gezwungen, weil meine Sprache mit jeder Wiederholung aggressiver und bildlicher geworden war. »Evolutionsbremse«, »Freibierfresse«, »Pizzagesicht« und so weiter. Bloß als ich den Zopf eines Vorstadtcasanova »Pimmelpony« nannte, rief mich Rolf, der Regisseur, zur Ordnung. »Keine Geschlechtsteile«, ermahnte er mich. »Sonst haben wir gleich wieder eine Fotze vom Jugendschutz am Apparat.« Er lachte minutenlang, ehe er mich in meinen nächsten Wutausbruch entließ.

Nun, da mich Lucy zum gefühlten hundertsten Mal fragte, was ich hier wollte, zügelte ich meine Wut. JJ war Vergangenheit.

Joseph musste sich neu erfinden. Dazu gehörte wohl, mich mit Menschen wie Lucy auf Augenhöhe auseinanderzusetzen.

»Ich denke, ich muss mit euch ein paar Dinge klären«, sagte ich.

»Ja?«

»Ihr habt mein Leben zerstört. Euer Verrat hat mir das Genick gebrochen.«

»Wovon sprichst du? Du wirkst etwas verwirrt, JJ.«

Ihre Lust am Manipulieren hatte offenbar auch überlebt.

»Ihr habt den Brief weitergegeben. Jetzt denken alle, ich sei eine alte Schwuchtel.«

»Noel konnte nicht mehr anders«, sagte sie. »Du hast ihn in etwas gedrängt, das er nicht wollte, und ihm gedroht.«

»Es ging um Liebe, aber so etwas kapierst du wahrscheinlich nicht. Dir ist nichts heilig und schon gar nicht etwas Reines wie die Liebe zu einem besonderen Menschen.«

»Langsam machst du mir Angst.«

»Wunderbar, dann merkst du endlich, wie es mir in den vergangenen Monaten ergangen ist. Angst, nichts als Angst. Angst, alles zu verlieren. Vor allem die Kontrolle. Die Kontrolle über mein Leben, meine Karriere, meine Gefühle.«

Sie lehnte sich an die Arbeitsplatte der Küche.

»Du bist übergeschnappt«, sagte sie. »Wenn du Noel ach so geliebt hättest, hättest du seinen Erfolg nicht mit Moana hintertrieben. Wir hätten beide gewinnen können. Es geschieht dir nur recht, dass du selbst gescheitert bist.«

Ich fragte mich, wie tief ich schon gesunken sein musste, um dieses Gespräch zu führen. Ich hatte keine Lust mehr, mich neu zu erfinden. Ich musste die alten Geister beschwören, um einen letzten Rest an Würde zu bewahren. Der ekelhafte Geruch in der Küche und das biedere Vorstadtwohnungsidyll lieferten mir die entscheidende Inspiration.

»Du denkst wirklich, du hättest es mit ihm ganz nach oben geschafft?«, sagte ich. »Als vollkommen talentfreie Speckbarbie?«

Ich kam nicht weiter, denn Lucy riss schon wieder das Wort an sich.

»Hier ist nicht YOU ARE A STAR, hier ist Lucy und Noel«, sagte sie. »Hier interessiert sich kein Schwein für deine Sprüche. Du bist ein Nichts, JJ. Gewöhn dich daran. Geh jetzt, sonst kann ich mich nicht länger beherrschen.«

»Was passiert dann?«

»Dann sage ich dir, dass es stimmt.«

»Dass was stimmt?«

»Du bist tatsächlich eine alte Schwuchtel, die sich an Nachwuchssängern vergreift. Oder besser gesagt: gerne an ihnen vergreifen würde. Denn Noel hätte dich nie rangelassen. Das ist der einzige Grund für deinen Amoklauf.« Lucy lachte verächtlich und drehte mir den Rücken zu, um sich ihrem widerlichen Fleischgericht zu widmen. »Verschwinde jetzt endlich«, sagte sie, ohne mich anzusehen. »Es ist genug.«

Die Tränen schossen mir in die Augen, wie einem Kind, das seine Mutter allein im Gitterbett zurückgelassen hat. Mein Körper krampfte sich zusammen, meine Hände zitterten und ich schluchzte auf. Die Tränen bahnten sich ihren Weg bis zu meiner Oberlippe, von wo sie auf mein weißes T-Shirt tropften. Ich starrte auf die kleinen nassen Flecken, die sich auf meiner Brust bildeten.

Die Stylisten von YOU ARE A STAR hatten mir geraten, nur helle Shirts zu tragen. Ich hatte ihnen geglaubt. Sie waren Teil meiner YOU-ARE-A-STAR-Familie gewesen. Sie hatten keinen Grund, mich zu belügen. Ich glaubte dem Maskenbildner, der seinen Job in einem Opernhaus natürlich freiwillig an den Nagel gehängt hatte, um »mit neuen Gesichtern zu arbeiten«, der Studioband, die »viel lieber mit jungen Talenten als mit abgehobenen Weltstars« musizierte, dem Regisseur, der seinen Job als »Berufung und nicht als Beruf« sah. Ich sehnte mich nach dieser Familie.

Im Moment meiner totalen Verletzlichkeit konnte ich Noel verstehen. Lucy strahlte Sicherheit aus. Ihre Geschicklichkeit im Umgang mit dem Küchenmesser erinnerte mich an meine Mutter.

Lucy konnte sicher Trost geben, bloß mir gab sie keinen. Mein Schmerz erfüllte den ganzen Raum und diese junge Frau am Herd tat so, als wäre ein heulender Promi auf einer abgewetzten Küchenbank das Normalste der Welt.

Vielleicht ist sie auch einfach zu jung, um zu wissen, wann es angebracht ist, über den eigenen Schatten zu springen, dachte ich.

Mit einem Taschentuch trocknete ich meine Tränen, dann holte ich tief Luft, um mein eruptionsartiges Schluchzen im Keim zu ersticken. Sobald ich meine Fassung einigermaßen wiedererlangt hatte, erhob ich mich von der Bank. Lucy bemerkte mich erst, als ich die Hände auf ihre Schultern legte. Erschrocken fuhr sie herum und sah mir in die Augen. Im nächsten Moment schlug ihr Knie in meinem Schritt ein. Sie schrie mich an.

»Was fällt dir ein? Du drängst dich hier herein, flennst wie ein kleines Mädchen und hast dann auch noch die Frechheit, mich anzufassen?«

Ich spürte, wie sich das unangenehme Ziehen, das der Schlag ausgelöst hatte, langsam vom Hodensack in die Bauchhöhle ausbreitete. Es tat höllisch weh. Während ich einknickte, schimpfte sie weiter auf mich ein.

»Ich hasse dich, diese verblödete Castingshow und all die Coverversionen, die wir Woche für Woche singen mussten«, sagte sie. »Du wirst diesen Wahnsinn nicht weiterhin in meine Welt schleppen. Hier ist von nun an JJ-freie Zone. Wenn du nicht sofort verschwindest, rufe ich zuerst die Polizei und dann die Zeitungen an.«

Der körperliche Schmerz war weg. Ich richtete mich auf und griff nach dem Messer. Lucy sah mich mit großen Augen an, als ich zustach. Sie blieb kerzengerade stehen und rührte sich nicht. Bloß ihr Blick wanderte langsam nach unten zum Messer, das in ihrem Brustkorb steckte. Gleich darauf sah sie mir wieder in die Augen.

»Starr mich nicht so an«, brüllte ich. »Du hast es nicht anders verdient.«

Sie nahm meine Hand.

»Du musst jetzt gehen«, sagte sie. »Noel darf mich so nicht sehen. Wir vergessen das Ganze und du lässt uns einfach in Ruhe, okay?«

»Lucy ...«

»Ich gehe zum Arzt und sage ihm, dass ich mich beim Kochen verletzt habe. Er entfernt das Messer, legt mir einen Verband an und alles wird gut. Noel wird nichts merken.«

Ich löste ihren Griff und ging zum Fenster. Mit einer schnellen Handbewegung öffnete ich beide Flügel und kehrte zu ihr zurück.

Lucy sah mittlerweile recht blass aus. Blut trat aus ihrer Stichwunde. Sie musste sich an der Küchenzeile festhalten, um nicht umzukippen. Ich legte ihren rechten Arm um meine Schulter und führte sie zum Fensterbrett. Lucy versuchte Widerstand zu leisten, indem sie ihre Beine steifhielt und ich sie deshalb regelrecht nachschleifen musste. Doch um eine Wende zu ihren Gunsten herbeizuführen, fehlte ihr die Kraft. Als wir beim Fenster waren, streichelte ich ihr über das Gesicht.

»Hab keine Angst«, sagte ich zu ihr. »Gleich wirst du von deinen Schmerzen erlöst, während ich mein Leben lang leiden werde.«

Sie spuckte mir Blut und Speichel ins Gesicht und auf mein weißes T-Shirt. Ich sah aus, als wäre ich in einen roten Sprühregen geraten.

»Mach es gut, kleine Lucy«, sagte ich. »Du musst jetzt gehen.«

Ihr Aufprall hörte sich ganz anders an als der von meinem Vater. Auf ein Klirren folgte das Kreischen einer Alarmanlage. Lucy war rücklings auf ein Autodach gefallen. Sie lag in einer tiefen Delle, die Windschutzscheibe war geborsten. Ich fixierte Lucys Gesicht. Da sah ich es. Sie blinzelte. Zuerst nur ganz leicht, dann flackerten ihre Lider und sie riss die Augen auf. Es kam mir vor, als würde sie mich ansehen.

»Du hast es so gewollt«, murmelte ich. Ich ging vom Fenster zur Wohnungstür, öffnete die Schlösser, trat auf den Gang, warf die Tür hinter mir zu, lief im Treppenhaus hinunter und ging schnurstracks zum Autowrack, auf dem Lucy lag. Mehrere Passanten waren bereits herbeigeeilt. Entsetzt blickten sie auf das Mädchen, das da mit Messer in der Brust auf einem eingedrückten Dach lag.

»Gehen Sie zur Seite«, rief ich. »Sie ist eine Freundin von mir.«

»Sind sie nicht dieser Typ aus der Fernsehshow?«, fragte eine Frau.

»Ja, der bin ich. Bitte treten Sie zur Seite, damit ich ihr helfen kann.«

Ich stand direkt vor Lucy. Sie hatte offenbar niemand erkannt. Ihr Körper war regungslos, bloß in ihrem Gesicht war noch Leben. Als sie mich sah, schloss sie die Augen. Sie wollte etwas sagen, zumindest bewegte sie ihre Lippen ein wenig, doch für einen Ton, geschweige denn ein Wort, reichte es nicht. Sie schüttelte nur sanft den Kopf. Ich zog sie an den Beinen vom Autodach. Niemand hielt mich davon ab. Lucy blieb mucksmäuschenstill, auch als ihr geschundener Körper am Asphalt aufschlug.

»Sie muss ins Krankenhaus«, sagte ich. »Treten Sie zur Seite.« Wenigstens hier besaß Joseph Jones junior noch Autorität.

Ich packte die letzten Reste meines Erste-Hilfe-Wissens aus und stemmte den verletzten Körper mit dem Rettungsgriff in die Höhe. Die Menschen sahen mir fasziniert zu. Sie fragten sich wohl, was ich vorhatte. Immerhin war die Wirkung der Berichte über mich nicht so verheerend gewesen, dass mich jemand bei meinem Tun behindern wollte. Nach ein paar Metern Schleifweg legte ich Lucy mitten auf der Fahrbahn ab. Ihre Augen waren jetzt wieder offen. Sie sah flehend drein.

»Lucy, schließe deine Augen, du machst alles nur schlimmer«, sagte ich.

Sie reagierte nicht.

»Starr mich nicht so an«, sagte ich.

Nun hatte Lucy Erbarmen und ließ ihre Lider fallen.

Ich stellte mich vor sie und wartete auf das nächste Auto. Ein hellblauer Fiat Cinquecento bog um die Ecke. Sein Auspuff machte einen Höllenlärm. Mit einem größeren Wagen hätte ich mir leichter getan, aber ich musste nehmen, was da war. Mit quietschenden Reifen blieb der Fiat stehen.

»Steigen Sie aus«, sagte ich. »Ich muss meine Freundin hier ins Krankenhaus bringen.« Ich zeigte auf den Körper mitten auf der Straße.

Der Fahrer öffnete die Tür und gab tatsächlich seinen Sitz frei.

»Sind Sie nicht JJ, der arge Typ aus dem Fernsehen?«, fragte er.

»Der bin ich, und jetzt geben Sie mir die Schlüssel.«

Er händigte sie mir bereitwillig aus.

»Alles Gute für Sie und Ihre Freundin«, sagte er. »Melden Sie sich einfach, wenn Sie das Auto nicht mehr brauchen. Papiere sind im Handschuhfach. Dort finden Sie auch meine Kontaktdaten.«

Ich atmete tief durch. Es gab kein Zurück mehr. Ich startete das Auto und legte den Rückwärtsgang ein. Etwa hundert Meter schob ich zurück. Der Besitzer des Cinquecento lief mir wild gestikulierend hinterher. Als er bei mir ankam, deutete er mir, ich solle das Fenster herunterlassen. Da er so hilfsbereit gewesen war, kam ich seiner Bitte nach.

»JJ, du hast deine Freundin vergessen.«

Immer dieses Geduze. Sobald die Menschen jemanden aus einer Fernsehshow erspähten, glaubten sie, ein Recht auf das Du-Wort zu haben. Ich blieb immer demonstrativ beim Sie. Selbst in dieser Situation wollte ich so viel Distanz wahren.

»Machen Sie sich keine Sorgen«, sagte ich. »Ich weiß schon, was ich tue.« Ich schloss das Fenster wieder, legte den ersten Gang ein und stieg aufs Gas. Zweiter Gang. Dritter Gang. Ein Rumpeln. Dann war sie wohl endgültig tot. Im Rückspiegel sah ich, wie die Leute entsetzt auf die Straße liefen.

Nur sechs Monate danach stand ich vor Gericht. Die Staatsanwaltschaft warf mir zweifachen Mord vor. Irgendwie hatten die Ankläger von der Sache mit dem Lieutenant Colonel Wind bekommen.

»Mord verjährt nicht«, hatte mir der Ermittler süffisant zugeraunt und mir ein Foto vom Mörder meines Vaters auf den Tisch geknallt. Der Polizist, er hatte sich bei meiner Verhaftung als Hauptkommissar Rüdiger Hoffmann vorgestellt, hatte offenbar zu viele amerikanische Krimiserien gesehen. Sein ganzes Benehmen basierte auf Imitation. Er trug ein weißes Hemd mit hochgekrempelten Ärmeln. Die Dienstwaffe, eine Walther P5, die in einem ledernen Waffengurt hing, hatte der Hauptkommissar immer bei sich. Wenn ich die Aussage verweigerte, streichelte er über den Griff seiner Pistole. Dann stützte er sich mit beiden Armen auf den Vernehmungstisch und brüllte mir ins Gesicht. Je nachdem, wie viele Becher Automatenespresso er getrunken hatte, schlug er auch noch mit der Faust auf die Tischplatte. Ich ließ mich dennoch nicht einschüchtern, dazu kannte ich mich zu gut mit Drohgebärden aus.

Im Zuge der Ermittlungen erfuhr ich erstmals den Namen des GIs, den ich seinerzeit zu Matsch geprügelt und anschließend aus dem Fenster geschmissen hatte. Tom Blackman. Ich musste lachen, als ihn mir ein Beamter vorlas. Tom, wie der Held aus »Onkel Toms Hütte«. Und Blackman, was zu Deutsch »Schwarzmann« hieß.

»Sind Sie übergeschnappt?«, fragte Hoffmann. »Ihnen wird vorgeworfen, diesen hoch dekorierten Kriegshelden ermordet zu haben.«

»Wer behauptet das?«

»Ehemalige Soldaten des Stützpunkts Heidelberg. Sie haben ausgesagt, es hätte einen Streit zwischen ihrem Vater, Captain Joseph Jones, und Tom Blackman gegeben, bei dem es zum tödlichen Fenstersturz Ihres Vaters gekommen sei. Sie seien dann angeblich auf den Lieutenant Colonel losgegangen, um ihn aus Rache zu ermorden.«

Die Jungs von damals hatten mich seinerzeit offenbar beobachtet und waren nun auf meinen Fall aufmerksam geworden.

Scheiß Internet, dachte ich.

Ich konnte die GIs aber verstehen. Sie witterten die Chance, ihre Seele und ihren Leumund von dem Damoklesschwert der damaligen Vorkommnisse zu befreien. Natürlich hatte ich einen Mord begangen. Aber die Jungs auch. Nun bot sich die Gelegenheit, dass zumindest sie die ungesühnte Tat aus der Welt schaffen konnten. Sie mussten die Dinge bloß geschickt verdrehen.

Wir hätten auch alle weiterhin zu den Vorkommnissen in Heidelberg schweigen können. Das war zumindest mein Plan gewesen. Aber die GIs fürchteten wahrscheinlich die erhöhte Aufmerksamkeit, die Justiz und Presse meiner Vergangenheit zuteilwerden lassen würden. Indem die alten Männer schon mal vorbeugend ihren toten Befehlshaber zum alleinigen Sündenbock eines tragischen Unfalls mit Todesfolge stempelten und mir den Mord an dem Lieutenant Colonel umhängten, nahmen sie sich für immer aus der Schusslinie. Dass ihre jahrelange Verschwiegenheit keine ernstlichen Konsequenzen haben konnte, wussten sie, oder zumindest ihre Anwälte.

Bloß hatten sie ein paar wichtige Details vergessen. So leicht würde ich mich nicht geschlagen geben. Ich hatte nichts mehr zu verlieren. Es stand außer Frage, dass ich Lucy bestialisch ermordet hatte. Lebenslänglich war mir sicher. Ein Mord mehr oder weniger fiel nicht ins Gewicht. Ich musste also keinerlei Energie auf Verteidigungsstrategien verschwenden und konnte mich ganz darauf konzentrieren, die feigen GIs mit in den Abgrund zu reißen.

»Wenn Mord nicht verjährt, kann der Staatsanwalt gleich eine zweite Anklage vorbereiten«, sagte ich zu dem Hauptkommissar.

Er lächelte und zündete sich eine Zigarette an, obwohl ein großes Rauchverbotsschild an der Wand des Vernehmungsraumes hing.

»Hat Ihnen Ihre Mutter geholfen?«

»Wenn Sie meine Mutter noch einmal erwähnen, springe ich über den Tisch und schlage Ihnen die Fresse ein.« Die Rolle des Mörders verschaffte mir auf eine ganz fundamentale Art und Weise Respekt. Wie oft sagen Menschen »Ich bring dich um« oder »Ich dreh dir den Hals um«. Bei mir wussten sie, dass es nicht bloß Floskeln waren.

»Beruhigen Sie sich«, sagte der Kommissar. Er verzichtete auf eine martialische Replik im Stil seiner amerikanischen Serienhelden. »Was meinen Sie mit einer zweiten Anklage?«

»Mein Vater und der Lieutenant Colonel haben nicht gestritten. Tom Blackman und die anderen GIs haben uns in der Nacht überfallen und meinen Vater in ein weißes Laken eingeschnürt. Dann haben sie ihn aus dem Fenster geworfen. So etwas fanden weiße Soldaten damals witzig. Bloß, dass mein Vater tot war, weil sie vergessen hatten, dass sie sich im dritten Stock befanden. Sie haben ihn umgebracht.«

Der Kommissar hatte die Zigarette nun gegen einen Zahnstocher ausgetauscht, an dem er stereotyp herumkaute.

»Geben Sie zu, dass Sie Tom Blackman ermordet haben?«

»Wenn Sie es genau wissen wollen, ich habe ihm mit einem Neuner Eisen den Schädel eingeschlagen und den Leichnam aus dem Fenster geschmissen. Etwas Besseres hatte dieses Schwein nicht verdient.«

»Mehr wollte ich nicht wissen.«

Hoffmann stand auf und ging zur Tür.

»Was passiert mit den Mördern meines Vaters?«

»Es gibt keine Mörder Ihres Vaters. Es gibt einen Unfall und ein paar Zeugen, die zu lange dichtgehalten haben«, sagte er im Gehen.

»Sie werden diese Typen vernehmen?«

»Natürlich nicht. Die Herren sind längst in die USA zurückgekehrt. Wir haben ihre Aussage über einen Anwalt erhalten.«

»Sie müssen meinem Hinweis nachgehen. Immerhin geht es um ein schwerwiegendes Delikt.«

Dass ausgerechnet ich über die Ahndung schwerwiegender Delikte referierte, amüsierte den Kommissar. Er lächelte.

»Die Amerikaner schicken ihre Veteranen sicher gerne wegen der Aussage eines geständigen Mörders vor ein deutsches Gericht. Außerdem habe ich schon eine Weisung aus dem Justizministerium, dass wir, nach Rücksprache mit den amerikanischen

Kollegen vom FBI, in dieser Sache nicht weiter ermitteln. Wir haben eine eidesstattliche Aussage und ein Geständnis. Was will man mehr?«

Der Hauptkommissar verließ beschwingt den Raum. Ein Geständnis bedeutete in seiner Welt so viel wie in meiner Welt ein Nummer-eins-Hit.

In meiner Fantasie hatte ich mir das anders ausgemalt. Einen Basiskommandanten, der sich wegen Vertuschung verantworten musste, mehrere rassistische Veteranen, die Jahrzehnte nach ihrer Tat wie die Foltersoldaten von Abu Ghuraib vorgeführt wurden, einen vermeintlichen Täter namens Joseph Jones junior, der im Lichte der dramatischen Kindheitserlebnisse zum Opfer wurde. Stattdessen überschlug sich die Presse ob der neuen Enthüllungen.

»Mordserie? JJ schockt mit zweitem Geständnis!«

»Mord mit 15: JJs dunkle Vergangenheit!«

»Exklusiv: Der tiefe Fall des Joseph Jones.«

Und so weiter.

Am Höhepunkt der medialen Erregung machte mich der Chefredakteur der auflagenstärksten Boulevardzeitung zum Gegenstand seines Leitartikels. Dort, wo das Blatt bevorzugt über Politiker und andere Repräsentanten der Macht herzog, drehte sich alles um JJ, den wahren, aber leider gefallenen, Helden von YOU ARE A STAR.

> »Schuld ist wie ein Darmwind in einem Aufzug. Wer am lautesten schreit, dass es ein anderer war, ist meist der Quell allen Übels. Dieses Prinzip können wir nun auch im Fall JJ beobachten. Medien, Publikum, ehemalige Weggefährten, sie alle empören sich über den geständigen zweifachen Mörder Joseph Jones junior, der schon als Kind tötete und schließlich das Leben eines seiner ehemaligen Schützlinge auslöschte. Kaum zu glauben, was da alles zutage kommt. Motiv soll seine unerfüllte Homoliebe zur großen Castinghoffnung Noel Herzig gewesen sein. Als wäre das nicht schon genug, kursieren Gerüchte über schwule Sexorgien und Drogenexzesse

rund um JJ. Das Publikum ist fasziniert vom tiefen Fall dieses ehemals gefeierten Stars, der in puncto Popularität und Bekanntheit seine musikalischen Entdeckungen längst überholt hatte. ›Mit uns hat das alles nichts zu tun‹, möchte uns der Chor der Empörung weismachen. Doch etwas sollte uns zu denken geben. Wir haben einen Mann, dessen menschenverachtende Gesinnung die ganze Zeit über durch jede seiner Handlungen und jeden seiner Kommentare schimmerte, als eine Lichtfigur des modernen Medienzeitalters gesehen. Wir haben uns gut unterhalten gefühlt, als er junge Menschen vor laufender Kamera als ›Bühnenschlampe‹, ›Dorfpenner‹ und ›Gesichtsruine‹ bezeichnet hat. Jetzt schreien wir und zeigen auf ihn. Dabei sind auch wir Quell dieses Übels. Das sollten wir uns vor Augen halten.«

Dass mich mal jemand nicht als diabolische Ausnahmeerscheinung, sondern als schlechten Charakter in einer schlechten Welt darstellte, kam für mich schon einer absoluten Positiv-Schlagzeile gleich. Das Urteil lautete trotzdem wie erwartet lebenslänglich.

REAKTIONEN

JJs Amoklauf sprengte den Rahmen alles Vorstellbaren. Manchmal dachte ich, mein Schicksal sei nur eine grausame Wahnvorstellung, weil sich all dies nicht wirklich vor den Augen der Öffentlichkeit abgespielt haben konnte. In solchen Momenten gab ich meinen Namen in eine Internetsuchmaschine ein. Die sechs Millionen Einträge machten mir klar, dass der Computer entweder Teil meiner Halluzination war, oder dass ich all die schrecklichen Dinge tatsächlich erlebt hatte.

Die zerbrochene Scheibe in der Küche, Lucys lebloser Körper auf der Straße vor unserem Haus, das viele Blut auf dem Dach eines Autos.

In meiner Fantasie spielte ich durch, was Polizisten anhand ihrer Verhöre mit Joseph Jones junior faktisch dokumentieren konnten. Ich sah Lucys Gesicht, ihre überraschten Züge, die sich langsam im Schmerz verzerrten. Ich sah die kaum merkbaren Bewegungen ihres geschundenen Körpers auf dem Autodach, das Zucken des erlösenden Todes und ihre Starre auf der Barre der Bestatter. Lucys letzte Stunden ließen mich nicht mehr los. Sie liefen tagsüber vor meinem inneren Auge und nachts in meinen Träumen ab. Eines Morgens wusste ich, dass YOU ARE A STAR mein Leben für immer zerstört hatte.

Teilnahmslos las ich Interviews von sogenannten »Insidern«. Zum Beispiel jenes von Marie. Sie hatte die vorletzte Staffel von YOU ARE A STAR gewonnen, aber es hatte nur für einen einzigen Hit gereicht. Lucys Tod gab ihrer Popularität neuen Aufwind.

»Ich wurde ausgenutzt«, stand auf dem Cover einer Teeniezeitschrift. Im Hintergrund Maries Antlitz. Sie sah todtraurig aus. Ab Seite drei dann das große Interview.

»Marie, wie gehts dir jetzt, zwei Jahre nach deinem Sieg bei YOU ARE A STAR?«

»Langsam besser. Sie haben mich dort gebrochen. Ich habe mich wie eine Ware mit Ablaufdatum gefühlt. Es wird noch einige Zeit dauern, bis ich all das verarbeiten kann.«

»Was war so schlimm?«

»Alles! Das Medieninteresse, die Erwartungshaltung, die wöchentliche Hinrichtung vor Millionenpublikum.«

»Was meinst du mit Hinrichtung?«

»Ich habe mich immer als Künstlerin gesehen, die auf der Bühne steht, um die Herzen der Menschen zu erreichen. Du singst dein Lied, mit jeder Faser deines Körpers, und nachher bist du erschöpft und leer. Dann musst du noch vor drei Menschen treten, die dir mit einem Grinsen im Gesicht sagen, wie scheiße du warst. Das meine ich mit Hinrichtung.«

»Welche Rolle hat JJ dabei gespielt?«

»Zu JJ werde ich nichts sagen. Die Anwälte des Senders haben uns verboten, Kommentare zu den Vorkommnissen abzugeben.«

»Aber du bist doch gar nicht mehr bei YOU ARE A STAR.«

»Unsere Verträge gelten fünf Jahre. Solange müssen wir uns an die Richtlinien des Senders halten. Ich kann nur so viel sagen: Alle meine Gedanken gelten Noel. Unfassbar, was da passiert ist.«

Kurz nach JJs Verurteilung hörte ich im Radio ein Lied. Es handelte sich um die erste selbst geschriebene Nummer eines Mannes, der vor mehreren Jahren die popkulturelle Auslese eines anderen Senders gewonnen hatte.

Ich hab mir selber gefehlt!
Ich war nie richtig ich.
Denn so wie ich sein soll, bin ich nicht.
Das ist der erste Schritt in meinem neuen Leben.
Das ist der erste Schritt, lass alles stehen und liegen.
Nichts, was mich halten kann, denn hier fängt mein neues Leben an.
Hier fängt mein neues Leben an.

Ja, hier musste mein neues Leben anfangen.

MEINE MUTTER BESUCHTE MICH IM GEFÄNGNIS

»Sie haben Besuch.«

Die Ankündigung des Justizwachebeamten überraschte mich. Seit ich im Gefängnis saß, hatte es kein Mensch der Mühe wert befunden, sich persönlich nach meinem Befinden zu erkundigen. Verstand ich auch. Selbst wenn jemand das Bedürfnis gehabt hätte, wäre wohl niemand gerne in die Medien gekommen, weil er einem prominenten Doppelmörder das Händchen hielt.

Margit hatte mir einen Brief geschrieben.

»Joseph, bislang habe ich dir zugutegehalten, dass du eben nicht aus deiner Haut kannst. Doch dass du bereits mit fünfzehn gemordet hast, raubt mir den letzten Glauben an dich und deine Liebenswürdigkeit. Du hast mein Leben zerstört. Ich werde nie wieder lieben können. Deine Abgründe werden bis in alle Ewigkeit einen Schatten auf diese Familie werfen. Du wirst Joseph junior und Helene nie mehr wiedersehen. Es ist schon schlimm genug, dass Archive die Abscheulichkeit ihres Vaters unauslöschlich machen. Die Strafe, die du verdienst, wurde noch nicht erfunden. Ich wünsche dir, dass du einsam und unglücklich in deiner Zelle verkommst. Ich hasse dich. Margit.«

YOU ARE A STAR wurde eingestellt. Jede Fortsetzung wäre laut dem Senderchef eine Verhöhnung des Opfers und aller Hinterbliebenen gewesen.

»Joseph Jones hat nicht nur die Zukunft, sondern auch die Vergangenheit von YOU ARE A STAR zerstört«, sagte er in einem Interview. »Die Zuschauer werden sich nicht mehr an die vielen schönen Auftritte und Hits erinnern, die dieses Format produziert hat, sondern immer nur an das schreckliche Ende.«

»Wissen Sie, wie es Noel Herzig geht?«

»Er ist am Boden zerstört und wird sich komplett aus der Öffentlichkeit zurückziehen. Wir stehen ihm in dieser schweren Stunde bei.«

Ich musste sogar in Einzelhaft dahinvegetieren, weil mich die Vollzugsdirektion wegen meiner Homosexualität und meinem Promi-Status als »gefährdeten Insassen« klassifizierte.

»Herr Jones, haben Sie mich verstanden? Sie haben Besuch!«

Der Justizwachebeamte trat ungeduldig von einem Bein auf das andere. Wahrscheinlich hielt ich ihn gerade von seiner Kaffeepause ab.

»Wer will mich sehen?«

»Ich bin nicht Ihr Rezeptionist. Sehen Sie selbst nach. Oder soll ich die Dame wieder wegschicken?«

»Es ist also eine Dame. Alt oder jung?«

»Ich habe keine Zeit für Ratespielchen. Sie denken wohl, Sie können sich irgendwelche Allüren erlauben. Lassen Sie mich eines klarstellen: Hier im Gefängnis sind Sie genauso viel wert wie ein Arbeitsloser, der seine Alte abgemurkst hat. Im Übrigen fand ich diese Castingshow, in der Sie immer aufgetreten sind, scheiße.«

»Können Sie mir wenigstens sagen, wie sich die Frau bei der Anmeldung vorgestellt hat? Schließlich könnte es ja eine Journalistin sein, die mich hereinlegen will.«

Der Beamte rollte die Augen.

»Sie denken noch immer, dass sich alles um Sie dreht. Ich muss Sie aber enttäuschen. Es ist ruhig geworden. Keine Presseanfragen, keine Fotografen, keine Kamerateams. Die Karawane ist weitergezogen. Sie sind ein normaler Gefangener. Mit denselben Rechten und Pflichten wie jeder andere Insasse hier.« Er lächelte arrogant. »Die Welt dreht sich weiter, lieber Herr Jones. Nun eben ohne Sie. Aber wenn Sie es unbedingt wissen wollen, die Dame meinte, sie sei eine Verwandte. Das konnte sie auch mit ihrem Pass belegen. Sie trägt Ihren Nachnamen. Wollen Sie nun in den Besucherraum oder nicht?«

Margit hatte nach unserer Scheidung wieder ihren Mädchennamen angenommen. Seither gab es nur eine Frau, die meinen Nachnamen trug und mit mir verwandt war. Das war meine Mutter. Ich schluckte.

Der Beamte legte mir Handschellen an, packte meinen Oberarm und führte mich aus der Zelle. Wir gingen den Flur entlang zum Besucherraum. Vor der Tür nahm er mir die Fesseln ab und lächelte mir zu. Angesichts meiner Nervosität besann er sich seiner menschlichen Seite und wünschte mir »alles Gute«.

»Machen Sie keine Schwierigkeiten«, sagte er noch. Das war das Zeichen, dass er vor der Türe warten würde.

Ich trat in den kahlen Besucherraum, in dem eine Uhr die Arrestierten verhöhnte. Als ob Zeit irgendeine Rolle spielte. Da stand sie, im grellen Neonlicht. Ich erkannte sie sofort, meine Mutter, die ich zum letzten Mal 1972 gesehen hatte. Alt war sie geworden. Fast schon gebrechlich. Sie trug einen dunkelblauen Hosenanzug und schwarze Stiefeletten. Ihre grauen Haare hatte sie zu einem strengen Knoten am Hinterkopf zusammengefasst. Auf dem Kragen der rosafarbenen Bluse prangte eine silberne Brosche in Kreuzform. Ihre Lippen waren schmal und farblos. Sie hatte das verhärmte Gesicht einer todunglücklichen Frau. Nur ihre Augen strahlten eine seltsame Lebendigkeit aus, die ich nicht zuordnen konnte. Freute sie sich? War sie wütend? Oder gar hasserfüllt?

Wir standen einander gegenüber, ohne ein Wort zu sagen. Da ich meine Mutter so viele Jahre schweigend erlebt hatte, kam mir die Sprachlosigkeit ganz natürlich vor. Sie zitterte, das konnte ich an ihren Händen sehen. Ob es sich um eine Alterserscheinung oder um Nervosität handelte, wusste ich nicht.

»Mama.«

Sie antwortete nicht.

»Ich habe etwas Furchtbares getan.«

Meine Mutter presste die Lippen aufeinander. Ihre Augen wurden glasig.

»Ich bin so froh, dass du hier bist.«

Ich weinte. Hemmungslos. Ich schluchzte, wie ich es nur von meinen hysterischsten Kandidaten kannte. Zwischendurch wischte ich mir mit dem Handrücken über das Gesicht.

Meine Mutter setzte sich auf einen Plastikstuhl, der in der Ecke stand und eigentlich für die Justizwachebeamten reserviert war. Den Besuchertisch mit den Holzstühlen mochte sie anscheinend nicht. Vielleicht wollte sie keine trennende Tischplatte zwischen uns zulassen.

Trotz tränenverhangenem Blick erkannte ich, wie meine Mutter den Kopf zur Seite legte und mich von Kopf bis Fuß musterte. Ihre Züge wurden weicher und zwischen den Lippen konnte ich jetzt ihre Zähne erkennen. Unvermittelt deutete sie auf ihren Schoß. Ich fiel vor ihr auf die Knie und legte meinen Kopf auf ihre Oberschenkel. Sie streichelte mit der einen Hand wortlos meinen kahl geschorenen Schädel, die andere legte sie zwischen meine Schulterblätter. Ich fühlte mich beschützt. Das erste Mal seit vielen Jahren.

»Es tut mir so leid«, wimmerte ich in den dunkelblauen Stoff.

»Du musst dich nicht entschuldigen«, sagte sie. »Wir hätten dich besser beschützen müssen.«

Ich sah erstaunt auf. Meine Mutter sprach. Als Teenager hatte ich die Hoffnung aufgegeben, jemals wieder ihre Stimme zu hören. Dennoch ging sie mir nie aus dem Kopf. Ich hörte sie in Träumen oder wenn ich mich an schöne Momente meiner Kindheit erinnerte.

Nun, da ich meine Mutter nach Jahrzehnten der Trennung im kalten Besucherraum einer Justizvollzugsanstalt wiedersah, kehrte ihre Stimme endlich zurück in die Wirklichkeit. Sie klang genauso wie vor dem Tod meines Vaters. Jung, kräftig, ausdrucksstark. Diese klare Stimme passte nicht zur Gebrechlichkeit meiner Mutter.

Offenbar hatte das jahrzehntelange Schweigen den Klang der Jugend konserviert. Auf diese Weise öffnete sich die Tür zu längst vergangenen, glücklichen Zeiten.

»Du hättest nie an diesem Ort aufwachsen dürfen, wo man dir deine Würde und dein Vertrauen in das Gute gestohlen hat«, sagte sie.

Ihre Worte waren so tröstend, dass ich mich innerhalb von Sekunden mit der Welt versöhnte. Ich wollte auf der Stelle tot umfallen, weil ich dann mit einem Gefühl der ultimativen Geborgenheit gestorben wäre. Sie spürte wohl, wie sehr ich mich nach Verbindlichkeit sehnte, und fuhr mit leiser Stimme fort.

»Ich habe dich in den vergangenen Jahren im Fernsehen beobachtet. Bei jeder Beleidigung, die du einem jungen Menschen an den Kopf geworfen hast, habe ich den Schmerz gespürt, den du selbst erlitten hast.«

Ich hatte mich an die Entmenschlichung durch Medien und Öffentlichkeit gewöhnt. Was ich getan hatte, war böse. Ohne Wenn und Aber. Umso fremder kamen mir die Erklärungsversuche meiner Mutter vor. Sie hatte mich so viele Jahre nicht gesehen und stand mir dennoch unglaublich nahe. Ich hätte sie gerne mit zärtlichen Worten überschüttet und meine überhastete Flucht aus Heidelberg erklärt, doch sie ließ mich nicht reden.

»Du musst ein einsamer Mensch gewesen sein«, sagte sie. »Das hat mir jede Facette deines Handelns verraten. Wer sich so verhält, hat kein Regulativ. Keine Freunde und keine Vertrauten. Keine Familie, die ihm Halt gibt. Ich habe mir überlegt, ob ich dich kontaktieren soll. Aber irgendetwas hat mir gesagt, dass du diese Art von Familie nicht mehr in deinem Leben haben willst.«

»Ich hatte Familie«, sagte ich rasch. »Theoretisch. Aber eigentlich war das ein Missverständnis.«

Meine Mutter sah mich mitleidig an.

»Ich bin schuld am Tod dieses Mädchens«, sagte sie. »Wie hieß sie noch mal? Lucy?«

Ich widersprach empört.

»Wie kommst du auf so etwas? Ich bin selbst für mich verantwortlich. Ich habe Lucy getötet und sonst niemand. Mach dir bitte keine Vorwürfe.«

»Als du den Lieutenant Colonel erschlagen und aus dem Fenster geworfen hast, habe ich erkannt, wozu du fähig bist. Es wäre meine Aufgabe gewesen, dich und die Menschheit zu beschützen.«

Ich sah sie verwirrt an.

»Joseph, ich weiß, dass dir die skrupellosen Mörder deines Vaters das Böse eingeimpft haben«, sagte sie und sah mir in die Augen. »Alfred hat sich nach deinem Verschwinden rührend um mich gekümmert. Wie ein echter Sohn. Er starb vor wenigen Jahren an Krebs. Kurz vor seinem Tod bestellte er mich ans Sterbebett, weil er mir noch etwas beichten wollte. Da hat er mir alles erzählt. Wie du zuerst die kleine Rothaarige und dann ihn verführt hast. Eine unschöne Geschichte. Ich kann dir aber nicht böse sein. Es ist alles meine Schuld.«

Ich wollte meine Sicht der Dinge darlegen, doch meine Mutter war nicht mehr zu bremsen.

»Als ich dich dann in dieser Fernsehshow gesehen habe, wusste ich, dass mein Schweigegelübde ein naiver Akt der Verzweiflung gewesen war. Ich betete zu Gott, dass er all dem ein Ende setzen möge, sollte er wirklich der Allmächtige sein.«

Sie hatte mich nun endgültig zum Schweigen gebracht. Ich war nicht mehr gerührt, sondern nur noch betreten. Dies hier war kein Neustart zwischen uns, sondern das große Finale.

Meine Mutter griff mit der rechten Hand in ihre Handtasche.

»Joseph, genau das war meine Todsünde. Erinnerst du dich? Du sollst den Herrn, deinen Gott, nicht herausfordern. Ich habe es aber getan. Für meine gerechte Strafe musste dieses arme Mädchen sterben.«

Ich trocknete meine Tränen und atmete tief durch. Ich kniete noch immer vor meiner Mutter. Meine Hände lagen auf ihrem Schoß.

»Was wirst du nun tun?«, fragte ich.

»Du hättest dir ein Beispiel an deinem Vater nehmen und öfter die Bibel lesen sollen. Im zweiten Buch Mose heißt es: ›So sollst du geben Leben für Leben.‹ Das werde ich tun.« Meine Mutter streichelte über meine Wange. »Dafür wurde ich auserwählt. Ich habe nur lange gebraucht, um das zu erkennen.«

Sie zog einen kleinen Revolver aus der Innentasche ihres Mantels. Ich sah sie entgeistert an.

»Alte Frauen werden nicht so gerne abgetastet«, sagte sie.

Ehe ich reagieren konnte, steckte sie den Lauf in den Mund und drückte ab.

DAS COMEBACK

Ich änderte meinen Namen und tauchte erfolgreich unter. Bis zu einer Pressekonferenz etwa zwölf Jahre nach dem Mord an Lucy. Der Societyreporter einer Frauen- und Rätselzeitschrift nahm mich während einer Pressekonferenz ins Gebet. An seinem verschlagenen Gesichtsausdruck konnte ich bereits erkennen, dass er etwas Böses im Schilde führte. Wahrscheinlich würde er mir noch irgendeine Affäre mit einer Kollegin andichten.

»Lieber Adriano Herzbub, Sie haben seit zehn Jahren Erfolg im Schlagerbusiness. Wie haben Sie es geschafft, sich so lange an der Spitze zu halten?«

»Zunächst mal ist es harte Arbeit, die mit viel Durchhaltevermögen und Disziplin verbunden ist. Dann muss auch das Gesamtpaket stimmen. Schließlich geht es darum, große Gefühle zu transportieren.«

»Können Ihre Emotionen überhaupt noch authentisch sein, wenn Sie im Zuge einer Tournee vierzig Mal vor rund 20.000 Menschen spielen?«

»Ich bin jedes Mal überwältigt, wenn ich das Publikum sehe. Spätestens wenn Blumen oder Stofftiere auf die Bühne fliegen, ist es um mich geschehen. Außerdem war ich nicht immer so erfolgreich. Es gab eine Zeit, da hätte ich für die vermeintliche Routine einer Tournee alles gegeben. Ich verstehe auch nicht, wie sich Leute über Jetlags beschweren können. Da, wo ich herkomme, träumen die Menschen von Jetlags. Das vergegenwärtige ich mir, wenn ich eine lange Reise vor mir habe und deshalb müde zu einer Show komme.«

Solche Sager studierte ich immer mit meinem Management ein. Die kamen unglaublich gut bei Pressevertretern an. Doch dieser Reporter war irgendwie anders. Er führte etwas im Schilde.

»Da, wo ich herkomme … wo ist das?«, fragte er.

»Ich will mich nicht mit den schwierigen Anfängen befassen. Ich lebe für meinen Beruf, der in Wahrheit eine Berufung ist. Für etwas anderes als die Musik gibt es in meinem Leben keinen Platz. Ich muss nichts über mein wahres Ich, meine Herkunft und meine Geschichte erzählen, weil all das in meine Lieder einfließt.«

»Würden Sie sagen, dass Sie auf der Bühne keine Rolle spielen?«

Solche philosophischen Fragen waren im Schlagerbusiness eher ungewöhnlich. Ich musste auf der Hut sein.

»Wenn doch, dann ist es die Rolle meines Lebens«, sagte ich.

»Es kursieren Gerüchte über Ihre Vergangenheit …«

»Was sollen das für Gerüchte sein?«

Der Mann hatte nun die ganze Aufmerksamkeit seiner Kollegen.

»In Wahrheit sind Sie angeblich der Sänger Noel Herzig, dessen Freundin vor zwölf Jahren Mordopfer des bekannten Gesangscoaches und YOU-ARE-A-STAR-Jurors Joseph Jones junior wurde. Wollen Sie etwas dazu sagen?«

Die anderen Menschen im Raum hielten den Atem an. Die einzigen Bewegungen, die ich wahrnahm, waren die der unzähligen Zeigefinger, die nun zu den Knöpfen der Kameras, Aufnahmegeräte und Fotoapparate wanderten. Ich sah zu meinem Manager, der am Rand der Szenerie stand. Er war kreidebleich.

Ich griff mir in die blondierte Haarpracht, kratzte meine operierte Nase und kraulte meinen Kinnbart. Dann schloss ich die obersten zwei Knöpfe meines tannengrünen Trachtensakkos, obwohl ich schon ahnte, dass ich diesmal auch mit der perfektesten Fassade nicht durchkommen würde.

Es war viel Zeit seit damals vergangen. Zeit, in der ich unbeobachtet von den Augen der Öffentlichkeit meine Wunden lecken und dennoch ein neues Leben beginnen konnte. Mein Traum vom Erfolg hatte sich letztendlich erfüllt. Ich war zwar kein Popstar geworden, aber mein Publikum liebte mich. Als Adriano Herzbub, der mit Liedern wie »Meine Seele brennt«, »Te quiero« und »Elfen können keine Herzen brechen« die Schlagercharts beherrschte.

Vielleicht war es ja nun an der Zeit, das letzte Geheimnis zu lüften, um den Dämonen der Vergangenheit endgültig die Stirn zu bieten.

»Wollen Sie sich dazu äußern?«, fragte der Reporter erneut.

Wahrscheinlich wünschte er sich, dass ich den Kommentar verweigerte, um seine exklusive Erkenntnis in eine Skandalgeschichte mit jeder Menge Dementis und Kontroversen verpacken zu können. Diesen Gefallen tat ich ihm nicht.

»Es stimmt«, sagte ich. »Ich bin Noel Herzig, Exkandidat von YOU ARE A STAR und Lebensgefährte von Lucy, die von Joseph Jones ermordet wurde.«

Ein Raunen ging durch die Reporterschar und ein Blitzlichtgewitter brach über mich herein. Nur der geschickte Aufdecker bewahrte die Fassung.

»Noel Herzig, warum haben Sie all die Jahre geschwiegen? Hatten Sie niemals Angst aufzufliegen?«

»Für Sie bitte noch immer Adriano Herzbub.«

Der Reporter sah beschämt zu Boden. Ich redete weiter.

»Angst ist nicht der richtige Ausdruck. Ich wollte nie mehr wieder an das Grauen erinnert werden. Meine Karriere als Adriano Herzbub kam mir wie der einzig mögliche Weg vor, um doch noch mit dem, was ich kann, Erfolg zu haben.« Ich wunderte mich, wie ruhig ich war. Es fiel nicht schwer, meine Gedanken in Worte zu fassen. Tatsächlich war ich dem Reporter sogar dankbar, dass er das Versteckspiel beendet hatte.

»Es hieß damals, Joseph Jones junior hätte aus Liebe gemordet«, bohrte er weiter.

»Ich bin froh darüber, dass das Format nach dem Mord eingestellt wurde und dass eine Diskussion über den Zynismus und den Irrsinn solcher Castingshows eingesetzt hat.«

Der Reporter gab sich mit dieser ausweichenden Antwort zufrieden.

»Wie haben Sie es geschafft, noch einmal durchzustarten?«

Ich zuckte mit den Schultern.

»Ich habe mir gesagt: Träum weiter.«

EINE FACEBOOK-WELT OHNE ILLUSIONEN
EINE DRAMATISCHE LIEBESGESCHICHTE
DIE DÜSTERE VERSION VON DANIEL GLATTAUER

Julian Kippendorf existiert eigentlich nur als digitales Pseudonym in Social Networks. Fernab von Verbindlichkeiten, Erwartungen, Regeln. Und vor allem: Fernab von seiner gescheiterten Liebe Leila. Doch dann trifft er eine folgenschwere Entscheidung: Er offenbart seine wahre Identität. Mit einem Schlag wird alles nachvollziehbar. Und plötzlich tauchen die alten Dämonen wieder auf, als Comments, Replys, Chat-Kontakte. Während die Realität nach und nach in seinen virtuellen Kokon eindringt und mit bösen Überraschungen aufwartet, sucht Julian nach einem rettenden Anker – und glaubt ihn in Johanna alias »Einsamesherz« gefunden zu haben.

Fabian Burstein:
Statusmeldung
ISBN 978-3-902800-00-8
256 Seiten, EUR 19,95